누구나
쉽고 재미있게

사고력 수학

노크

A5
(8~9세)

연산

이 책을 보시는 부모님들께

머리가 좋아야 수학을 잘 한다는 말이 있습니다. 또, 수학을 잘 못하는 아이는 아빠, 엄마의 머리를 물려받아서 그렇다는 등의 난데없는 유전자 논쟁이 벌어지기도 합니다. 하지만 많은 사람들의 일반적인 생각과는 달리 이는 근거없는 이야기입니다. 외국의 한 연구 기관에서 언어, 사회, 수학, 과학의 네 가지 분야 중 어떤 것이 아동의 선천적 재능에 영향을 받는지 조사한 연구 결과를 발표했는데 일반적인 예상과는 다르게 선천적 재능에 영향을 받는 순서는 사회, 언어, 과학, 수학 순이었습니다. 다시 말해, 수학은 여러 학문 분야 중 선천적인 재능보다는 후천적인 환경이나 교육자, 학습자의 노력에 가장 큰 영향을 받는 학문이라 볼 수 있습니다. 수학의 가장 기본이 되는 '수 영역'의 예를 들어 보겠습니다. 아이들이 수를 처음 접하는 시기의 차이는 있지만 실제 수에 대한 감각과 수를 다루는 연습은 생활 속에서의 체험이나 다양한 활동, 학습 속에서 이루어집니다. 즉, 수학의 가장 기본이 되는 수는 선천적으로 가진 재능과는 거의 연관이 없으며 자라나면서 어떤 환경에 놓이는지, 얼마나 많이 수를 생각할 수 있는 기회가 있는지, 나이에 맞는 올바른 학습을 만날 수 있는지에 좌우됩니다. 그러므로 아이의 수학적 발달에 문제가 있다면, 그 아이가 누구를 닮아서 그런지, 지능이 떨어지는지를 따질 것이 아니라 수학적 힘을 기를 수 있는 학습 환경을 어떻게 만들어줄 것인가를 고민해야 합니다.

국제영재교육연구소의 랜즐리 소장은 영재의 기준을 마련하기 위해 여러 연구를 시행한 결과, 영재의 공통적인 특징들을 발견하였습니다. 첫째는 115 이상의 지능지수(IQ), 둘째는 창의력(Creativity), 셋째는 동기적 요소라고 부르는 끈질긴 근성과 과제집착력이었습니다. 이들 세 가지 요소 역시 선천적으로 타고 나는 부분도 물론 있겠지만 대부분 후천적인 학습이나 교육 활동을 통해 기를 수 있는 능력이라는 데에 이의를 제기하기는 힘듭니다.

이 처럼 수학적 능력은 후천적 학습 환경에 주로 좌우되며, 특히 어린 시절에는 그러한 경향이 더더욱 두드러집니다. 하지만 우리의 아이들을 둘러싼 수학적 환경을 다시 한 번 돌아봅시다. 초등학교를 들어가기 전부터 과도한 학습량과 무의미한 반복 활동, 이후의 수학 학습에 오히려 방해가 될 정도로 무리한 선행 학습 등의 환경은 아이의 수학적 힘을 길러주기보다는 수학에서 가장 중요한 창의적 사고력을 기를 수 있는 기회를 박탈함과 동시에 수학에 대한 흥미를 급속하게 떨어뜨리게 하여 수학으로 문제를 해결하려는 의지, 즉 수학적 동기를 스스로에게 부여하는 것을 불가능하게 만들어 버립니다. 중요한 것은 남들보다 먼저, 그리고 더 많이 수학적 지식을 머리 속에 주입하는 것이 아니라 태어나서부터 누구나 가지고 있는 수학에 대한 관심, 그리고 수학으로 생각하는 힘을 일깨워주는 것입니다.

수학을 잘할 수 있는 힘,

수학적 잠재력은 이미 여러분 아이들의 머릿 속에 줄곧 있어왔습니다. 단지 어떤 아이는 그것을 찾아내어 드러낼 수 있었고, 어떤 아이는 꼭꼭 숨긴 채 평생 드러나지 않을 뿐입니다. 이러한 수학적 잠재력에 대한 참신한 자극 – 생각을 두드리는 '노크'를 제안하려 합니다. '노크'는 수학적 지식과 스킬만을 무리하게 밀어넣지 않습니다. 왜 수학을 해야 하고, 어떻게 수학으로 가능한지 끊임없이 스스로 생각하게하는 계기로서의 활동이 되려 합니다. 일상으로부터 괴리된 학문으로서의 수학이 아닌, 삶을 살아가며 반드시 키워야 할 논리적, 합리적 사고력을 기를 수 있는 누구에게나 가장 중요한 경쟁력으로서의 수학을 주장합니다. '노크'야말로 새로운 수학 학습의 길을 보여주는 방향타가 될 것입니다.

한 현 조

똑!똑! 사고력 수학
노크의 구성

시작 : 생각열기

사고력 수학 주제에 맞는 수학적 상황, 수학사, 생활 속 수학 이야기 등의 자유로운 형식으로 흥미를 유발하고, 수학적 사고를 자극하는 주제별 프롤로그

노크 포인트

문제 해결의 핵심적 원리를 '콕!' 집어서 간결하게 요약한 사고력 수학 주제별 포인트

전개 : 유형 탐구

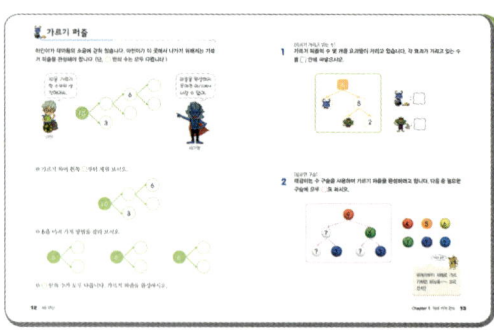

사고력 수학의 대표 유형을 노크만의 새로운 방법으로 차근차근 한 단계씩 익히고 해결하는 단계적 유형 탐구와 이를 통해 익힌 방법적 원리를 적용, 확장하는 확인 문항

수학 요정들의 친절한 충고와 꼬마 요괴들의 밉살스럽지만 유용한 조언으로 어려운 발전 문항의 해결을 돕는 문제 해결 도우미 박스

발전 : 창의적 문제해결력

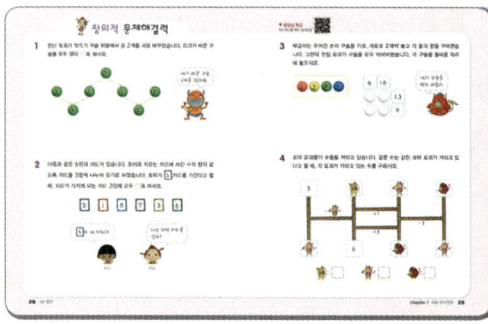

3개의 사고력 수학 주제를 갈무리하는, 한 차원 높은 창의력과 복합적인 사고력을 요구하는 발전 문항의 끝판왕

마무리 : 정답 및 해설

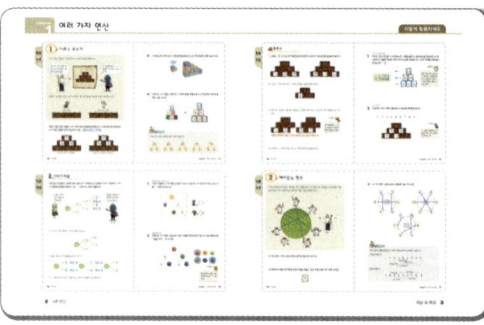

본문에 그대로 첨삭된 정답과 간략한 풀이 과정을 통한 사고력 수학 활동 피드백으로 마무리

노크
캐릭터 소개

지식을 되찾기 위해 노크랜드로 떠난 모험가 친구들

일단 저지르고 보는 거야!

난 궁금한 건 절대 못 참아.

침착하게 위기를 벗어나야 해.

생각으로 아주 멀리까지 날아가.

태경
활동파 리더

지오
호기심 공주

초이
조용한 전략가

아인
꼬마 천재

마법사 멀린과 수학 요정

마법사 멀린

노크랜드의 지식의 수호자. 지식을 파괴하려는 대마왕의 음모에 맞서 모험을 떠난 친구들의 든든한 조력자.

아르키메데스

페르마

플라톤

파스칼

피타고라스

가우스

유클리드

오일러

대마왕과 꼬마 요괴

대마왕

노크랜드의 지식의 파괴자. 세계를 차지하기 위해 모든 지식을 없애버리려고 하는 요괴들의 두목.

딴소리

한입

장난

딴짓

멍하니

잠만자

울보

거꾸로

이 책의 차례

CONTENTS

Chapter 1

여러 가지 연산

가르고 모으기

수가 적힌 벽돌을 이용하여 수 피라미드를 만듭니다.

아래 두 수의 합이 위의 수가 되도록 수 피라미드를 만들라.

맨 아래층에는 1, 2, 3 벽돌을 하나씩 놓아야 해.

멍하니 요괴와 피타고라스 요정이 맨 아래층에 벽돌을 **3**개씩 쌓았습니다.

멍하니 요괴

피타고라스 요정

꼭대기 층에 놓인 벽돌의 수가 크면 마법 선물을 받게 됩니다. 수 피라미드를 완성하고 누가 마법 선물을 받게 되는지 쓰시오.

멍하니 요괴의 수 피라미드

피타고라스 요정의 수 피라미드

✪ 보기 와 같은 규칙으로 수 계단을 만들었습니다. 빈 곳에 알맞은 수를 써넣으시오.

✪ 아인이는 수 카드를 사용하여 수 피라미드를 만들었습니다. 뒤집어진 카드에 알맞은 수를 쓰시오.

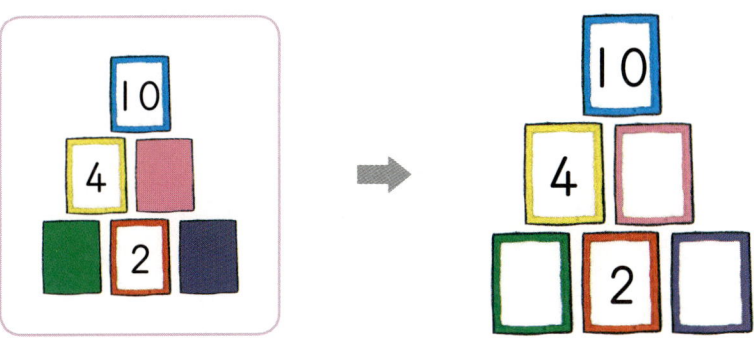

노크 포인트

10을 가르기 하는 방법은 여러 가지가 있습니다.

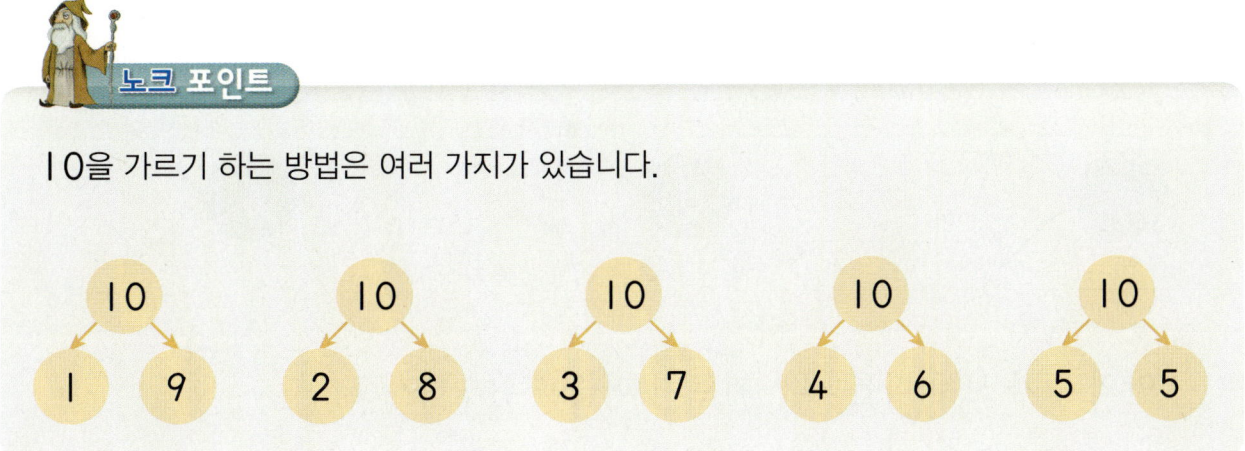

가르기 퍼즐

아인이가 대마왕의 소굴에 갇혀 있습니다. 아인이가 이 곳에서 나가기 위해서는 가르기 퍼즐을 완성해야 합니다. (단, ◯ 안의 수는 모두 다릅니다.)

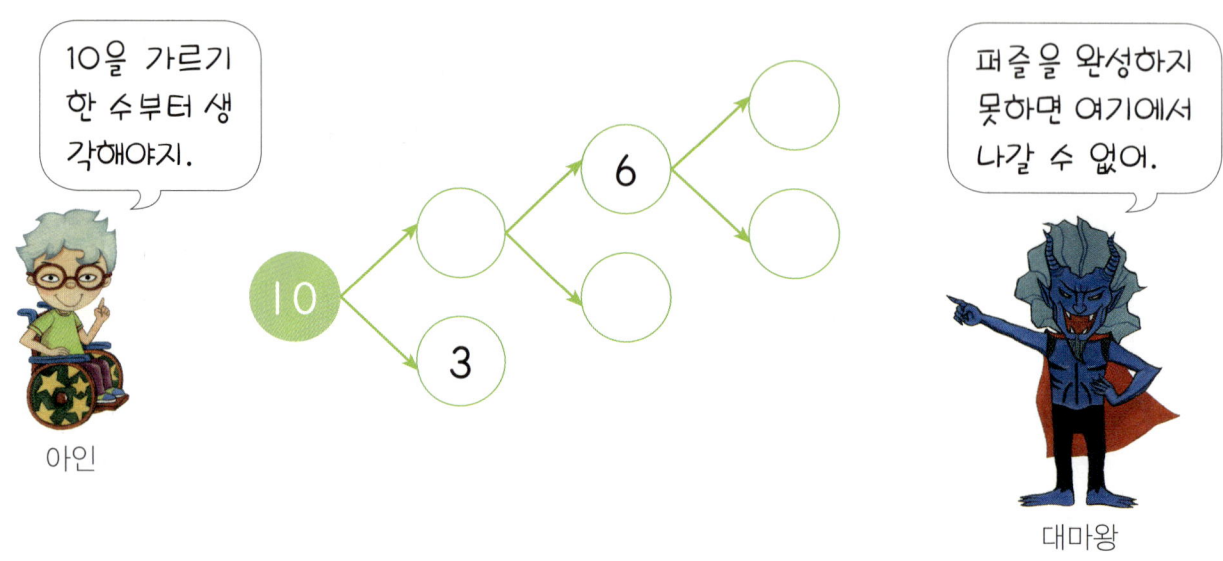

아인

대마왕

❶ 가르기 하여 왼쪽 ◯부터 채워 보시오.

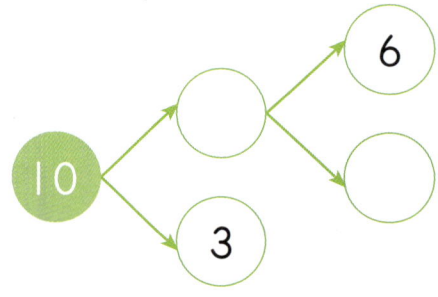

❷ 6을 여러 가지 방법을 갈라 보시오.

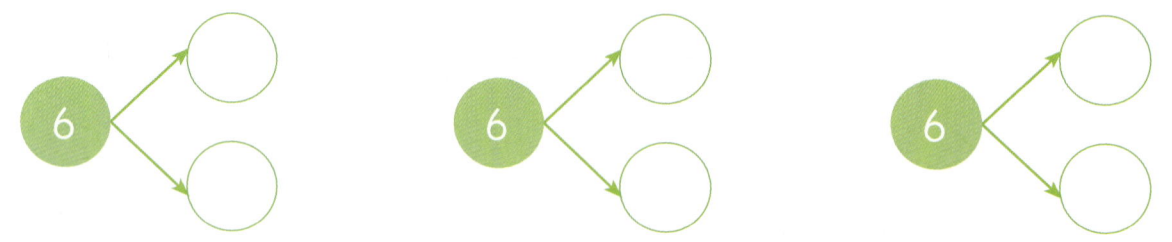

❸ ◯ 안의 수가 모두 다릅니다. 가르기 퍼즐을 완성하시오.

1 가르기 퍼즐의 수 몇 개를 요괴들이 가리고 있습니다. 각 요괴가 가리고 있는 수를 ☐ 안에 써넣으시오.

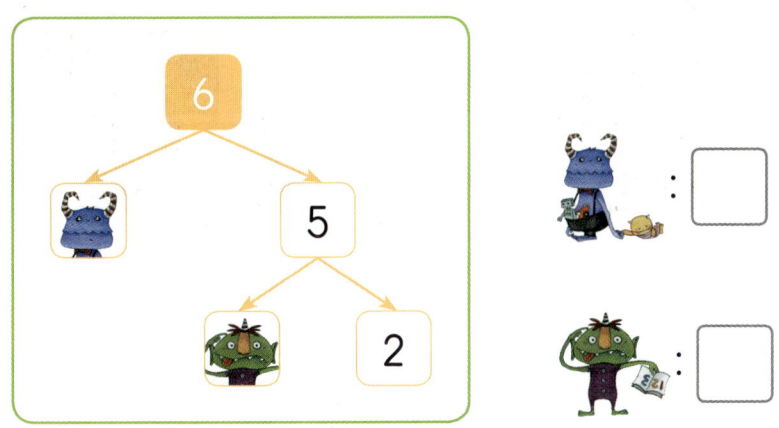

2 태경이는 수 구슬을 사용하여 가르기 퍼즐을 완성하려고 합니다. 다음 중 필요한 구슬에 모두 ◯표 하시오.

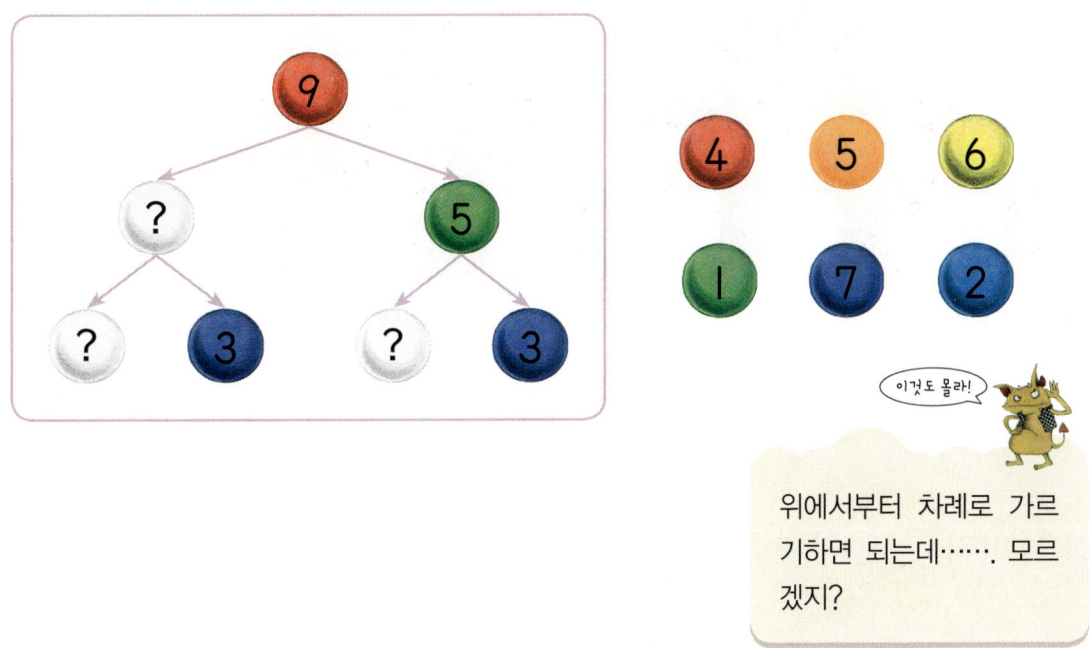

이것도 몰라!

위에서부터 차례로 가르기하면 되는데…… 모르겠지?

🛡️ 목표수

□ 안에 |, 2, 3, 4 중 세 수를 한 번씩 써넣어 두 가지 수 피라미드를 완성하여 봅시다.

❶ 다음 수 피라미드의 □ 안에 알맞은 수를 써넣으시오.

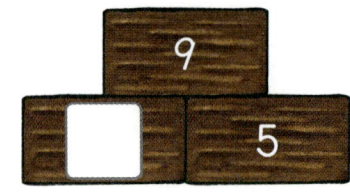

❷ 다음 수 피라미드의 맨 아래층 □ 안에 들어가는 수를 두 가지 방법으로 구하시오.

> 이것도 몰라!
>
> 맨 아래층에는 |, 2, 3, 4 중 세 수를 한 번씩만 넣을 수 있어.

❸ 나머지 □ 안의 수를 찾아 수 피라미드를 완성하시오.

1 주어진 숫자 카드를 수 피라미드의 1층에 놓아 수 피라미드를 만듭니다. 수 피라미드의 3층에 가능한 작은 수가 오도록 하려면 어느 숫자 카드를 ㉠에 놓아야 합니까?

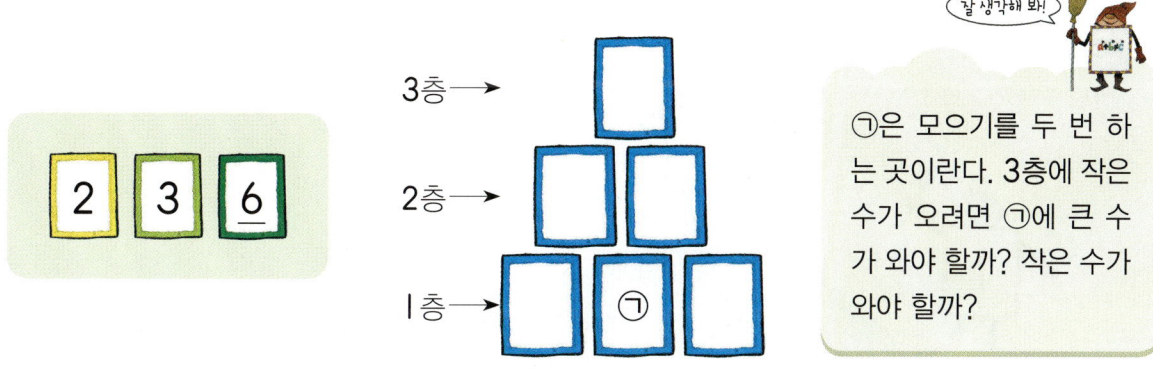

잘 생각해 봐!

㉠은 모으기를 두 번 하는 곳이란다. 3층에 작은 수가 오려면 ㉠에 큰 수가 와야 할까? 작은 수가 와야 할까?

[10 모으기]

2 다음 중 4개의 수를 사용하여 수 피라미드를 완성하시오.

| 1 | 2 | 3 | 4 | 5 | 6 | 7 | 8 | 9 |

이것도 몰라!

네 수를 사용하라는 건 같은 수를 두 번 사용하지 말라는 거지.

재미있는 연산

수학 요정들이 짝짓기 게임을 하고 있습니다. 카드에 쓰인 수의 합이 대마법사 멀린이 말한 수가 되도록 요정끼리 짝을 짓는 게임입니다.

멀린

두 수의 합이 10이 되는 수학 요정끼리 선으로 이으시오.

이 게임에서 짝을 짓지 못한 요정이 짝을 지을 수 있는 수를 다음 카드 안에 쓰시오.

🌼 두 수의 합이 ▨ 안의 수가 되도록 선을 이으시오.

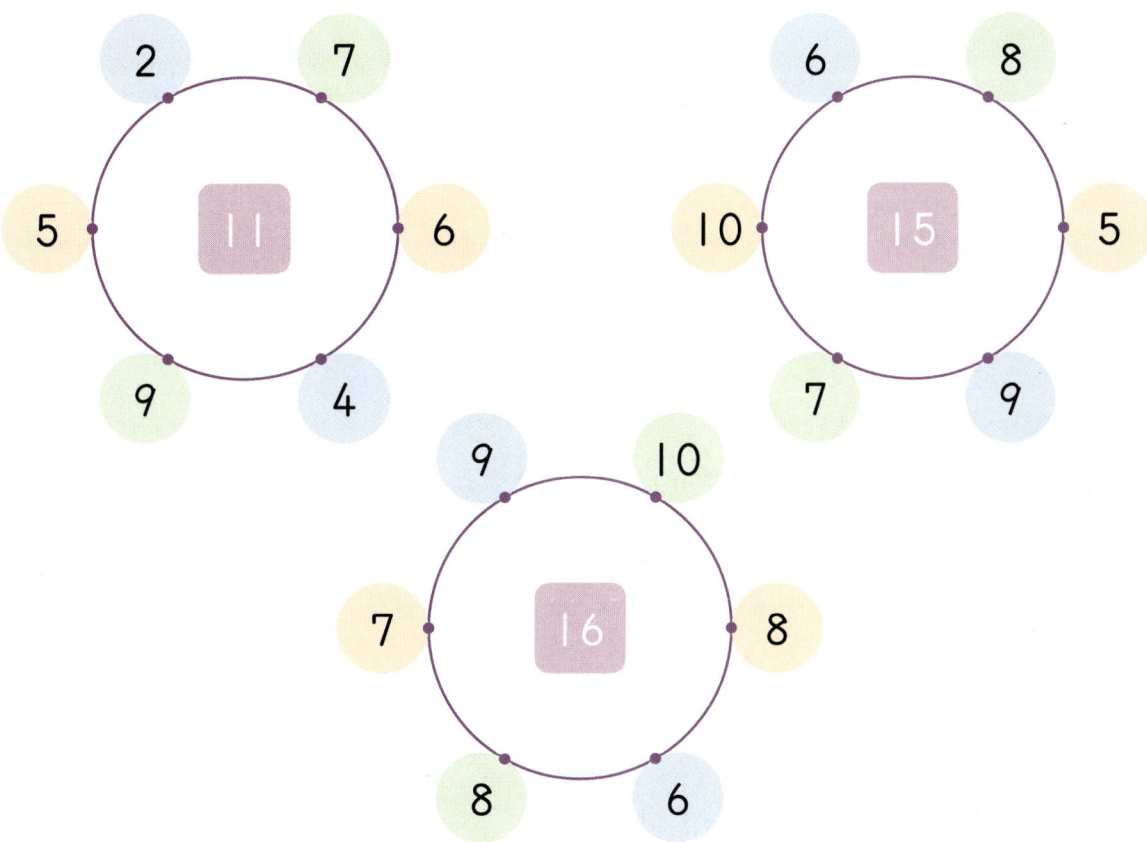

 노크 포인트

주어진 합과 차를 만족하는 두 수를 선으로 이어서 나타낼 수 있습니다.

① 합이 10인 수

$$1 \quad 2 \quad 3 \quad 4 \quad 5 \quad 6 \quad 7 \quad 8 \quad 9$$

$$4+6=10$$
$$3+7=10$$
$$2+8=10$$
$$1+9=10$$

② 차가 5인 수

$$7-2=5$$
$$9-4=5$$
$$1 \quad 2 \quad 3 \quad 4 \quad 5 \quad 6 \quad 7 \quad 8 \quad 9$$
$$6-1=5$$
$$8-3=5$$

트라이앵글

선으로 이어진 세 수의 합이 ▨ 안의 수가 되도록 △ 모양으로 이어 봅시다.

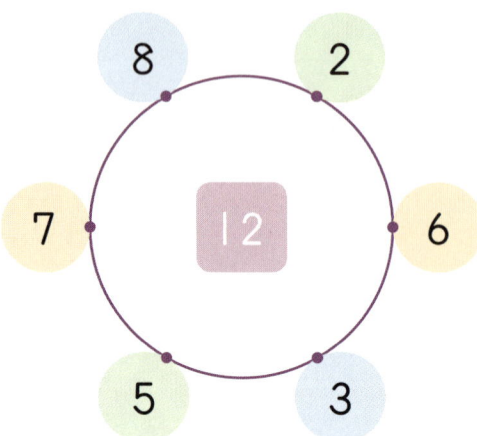

❶ 다음과 같이 세 수를 이었습니다. ▨ 안에 세 수의 합을 쓰시오.

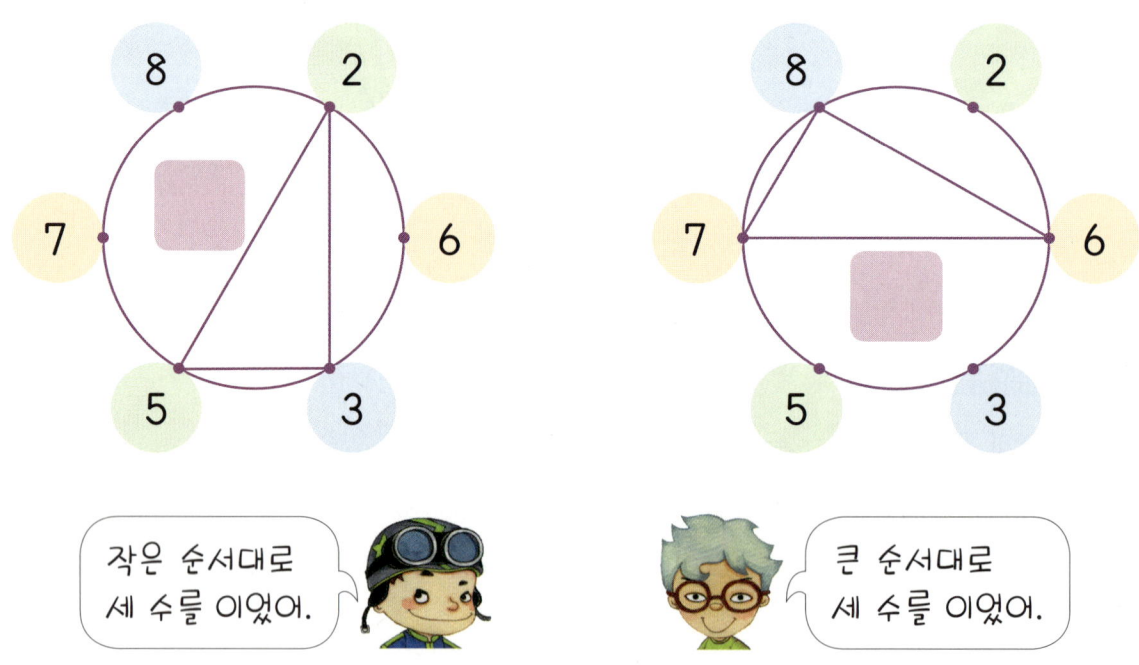

작은 순서대로 세 수를 이었어.

큰 순서대로 세 수를 이었어.

❷ 합이 12인 세 수를 찾아 △ 모양을 완성하시오.

태경이가 만든 모양을 조금 고치면 되겠어.

1 구슬에 쓰인 두 수의 차가 모두 같도록 구슬을 2개씩 모두 이으시오.

[수 트라이앵글]

2 지오는 수 하나가 지워진 트라이앵글 퍼즐 앞에 있습니다. 이어진 세 수의 합이 20이 되도록 ☐ 안에 알맞은 수를 써넣으시오.

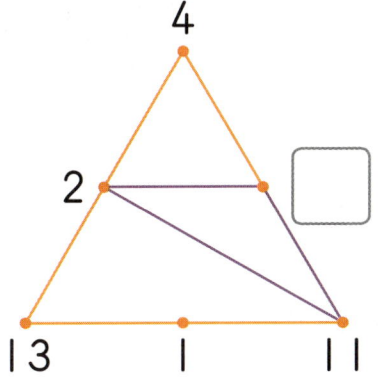

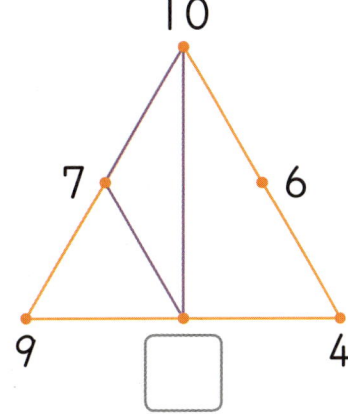

🍔 벌집 수 묶기

런닝맨 게임에 참가한 태경이는 다음과 같은 미션을 받았습니다. 미션에 맞게 수를 묶어 봅시다.

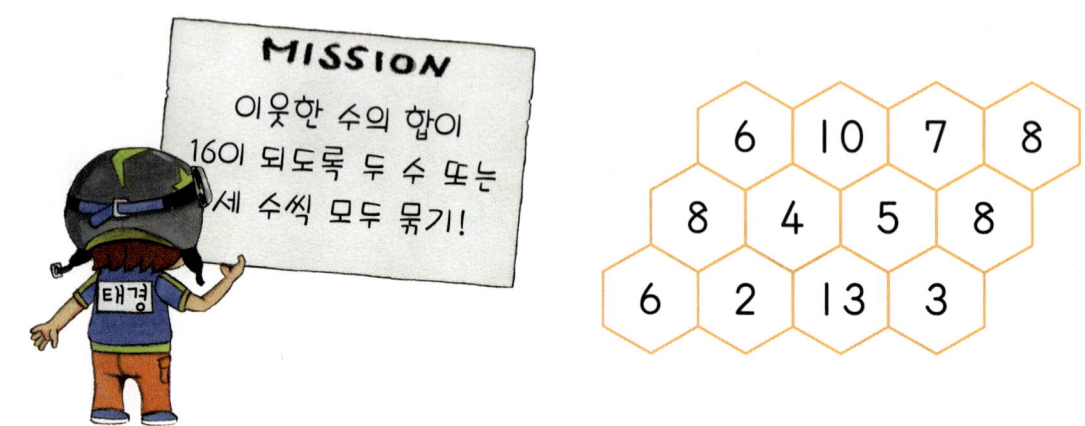

❶ 이웃한 두 수의 합이 16인 경우를 모두 찾아 묶으시오.

❷ 나머지 수를 합이 16이 되도록 세 수씩 묶으시오.

1 합이 모두 같도록 시계의 수를 여섯 부분으로 묶으시오.

가장 큰 수와 가장 작은 수를 묶으면 얼마가 되지?

[합이 같은 세 수]

2 수의 합이 🟢 안의 수가 되도록 이웃한 세 수씩 묶어 보시오.

①

5	3	2
1	4	3
2	1	6

9

②

2	3	5
8	4	3
1	5	2

11

매트릭스 연산

어느 가게에 다음과 같이 채소들이 진열되어 있습니다. 태경, 지오, 초이, 아인이는 가게 앞을 지나가다가 가로, 세로 한 줄에 채소들이 몇 개씩 있는지 알아보기로 하였습니다.

지오

옥수수

가지

당근

오이

태경

옥수수 3개랑 당근 5개니까 이 세로줄에는 채소가 모두 8개야.

이 세로줄에는 채소가 모두 10개야.

초이

아인

지오와 태경이는 각각 몇 개씩이라고 하였을지 ☐ 안에 알맞은 수를 써넣으시오.

옥수수랑 가지가 있는 가로줄에 채소는 모두 ☐ 개야.

지오

태경

당근이랑 오이가 있는 가로줄에는 채소가 모두 ☐ 개야.

🌀 가로줄과 세로줄에 있는 두 수의 합을 ☐ 안에 써넣으시오.

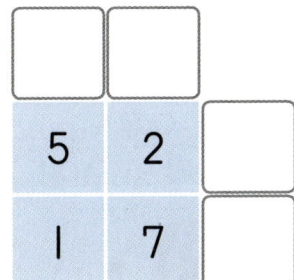

5	2	☐
1	7	☐

23	10	☐
14	35	☐

🌀 보기 와 같이 매트릭스 안의 수를 지워 가로줄, 세로줄의 합이 ☐ 안의 수가 되도록 만드시오.

보기

7	6	15	
1	✗2	8	9
6	2	✗5	8
✗3	4	7	11

6	14	4	
2	5	6	7
4	9	1	10
4	7	3	7

노크 포인트

매트릭스 연산은 가로줄과 세로줄에 놓인 수의 합을 구하는 것입니다.

$$1+2=3$$

③	⑦	3+4=7
1	3	④ 1+3=4
2	4	⑥ 2+4=6

가로줄과 세로줄에 놓인 수의 관계를 이용하여 매트릭스 안의 수를 구할 수 있습니다.

$$2+\square=6 \Rightarrow \square=4$$

⑥	⑧	
2	5	⑦ 2+☐=7 ➡ ☐=5
4	3	⑦

문을 열어라!

대마왕 성의 성문을 둘러싸고 있는 연산 퍼즐을 완성해야만 성문이 열립니다. 성문을 둘러싼 퍼즐의 빈칸에 알맞은 수를 알아봅시다.

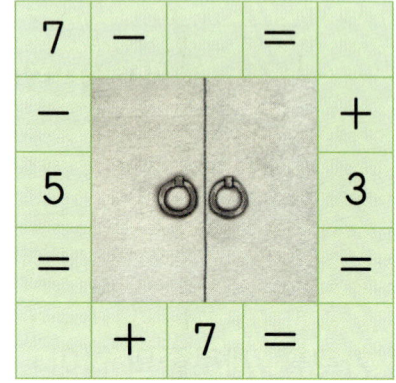

아무도 나갈 수 없어!

❶ 퍼즐의 빈칸을 다음과 같이 ①, ②, ③, ④라고 할 때, 수를 구하는 순서대로 번호를 쓰시오.

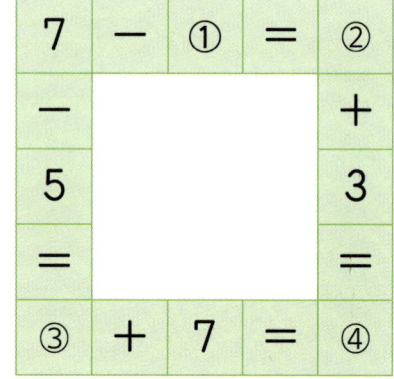

잘 생각해 봐!

다른 덧셈식이나 뺄셈식을 완성하지 않아도 수를 알 수 있는 식부터 찾아야 해.

❷ ❶에서 알아본 순서에 따라 퍼즐을 완성하시오.

큐브를 맞추듯 식을 하나씩 완성하면 돼.

[돌아돌아 퍼즐]

1 보기 와 같이 도미노 •의 개수의 합과 차를 사용하여 돌아돌아 퍼즐을 만들었습니다. 빈 곳에 알맞게 •을 그리시오.

[둥글게 둥글게]

2 다음은 숫자 구슬을 계산에 맞게 둥글게 놓은 것입니다. 빈 곳에 알맞은 수를 써 넣으시오.

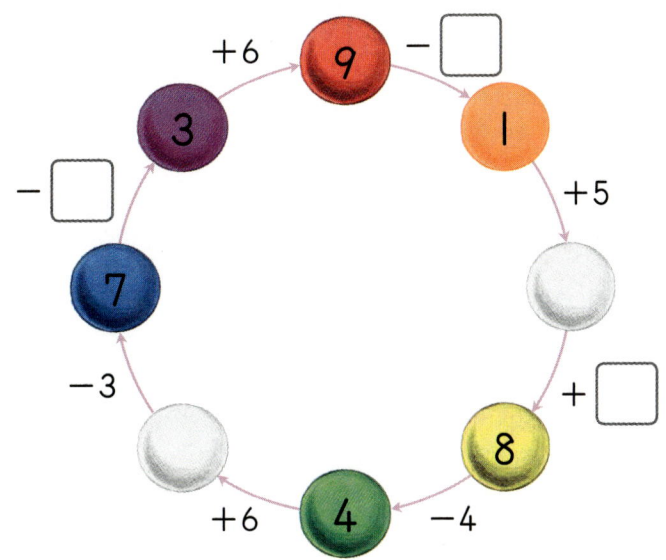

도토리 모으기

세 마리 다람쥐가 사다리를 타고 내려가며 모은 도토리를 가방에 넣습니다. 다람쥐들이 처음 가지고 있던 도토리의 개수가 다음과 같을 때, 각 가방에 모이는 도토리의 개수를 알아봅시다.

❶ 빨간 모자 다람쥐가 사다리를 타고 내려오면 몇 번 가방에 도토리를 넣습니까?

다람쥐가 사다리를 타고 내려가는 길을 찾아보렴.

❷ 빨간 모자 다람쥐가 사다리를 따라 내려가면서 모은 도토리의 개수를 알아보려고 합니다. ☐ 안에 알맞은 수를 써넣으시오.

$$4 \xrightarrow{+2} \boxed{} \xrightarrow{+5} \boxed{}$$

❸ ❷와 같은 방법으로 각 가방에 모이는 도토리의 개수를 구하시오.

가방 ①: ☐ 개   가방 ②: ☐ 개   가방 ③: ☐ 개

1 태경이는 ㉮와 ㉯ 중 한 가지 길을 따라 걷기 시작하며 옷에 적힌 수에 연산식을 계산합니다. 길을 걷다 갈림길이 나오면 반드시 방향을 바꾸어 걸어야 합니다. ㉮와 ㉯ 중 어느 길에서 시작해야 정답이 나옵니까?

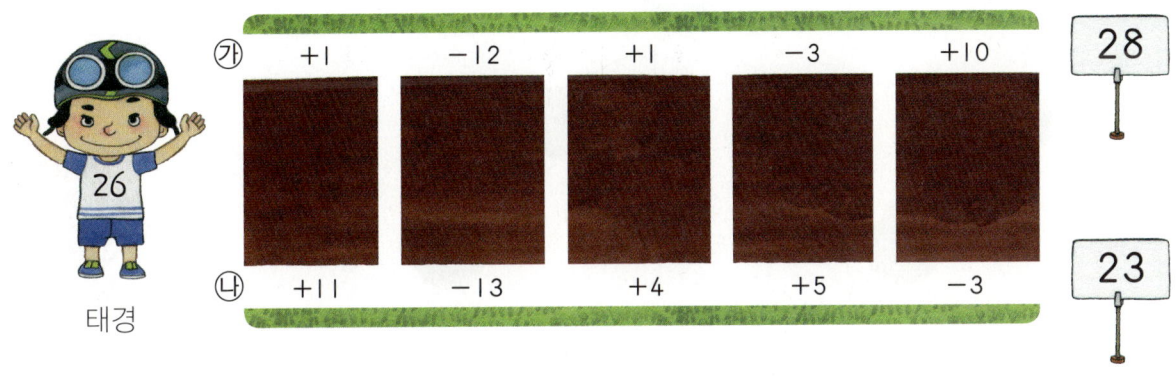

[카드의 수]

2 수학 요정들이 사다리타기를 하면서 덧셈, 뺄셈을 합니다. 빈 카드에 알맞은 계산 결과를 써넣으시오.

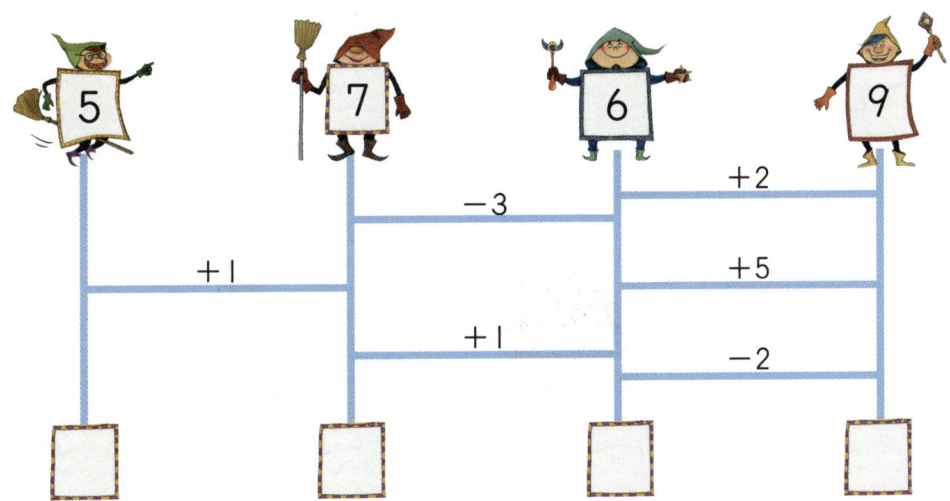

창의적 문제해결력

1 장난 요괴가 모으기 구슬 퍼즐에서 공 2개를 서로 바꾸었습니다. 요괴가 바꾼 구슬을 모두 찾아 ○표 하시오.

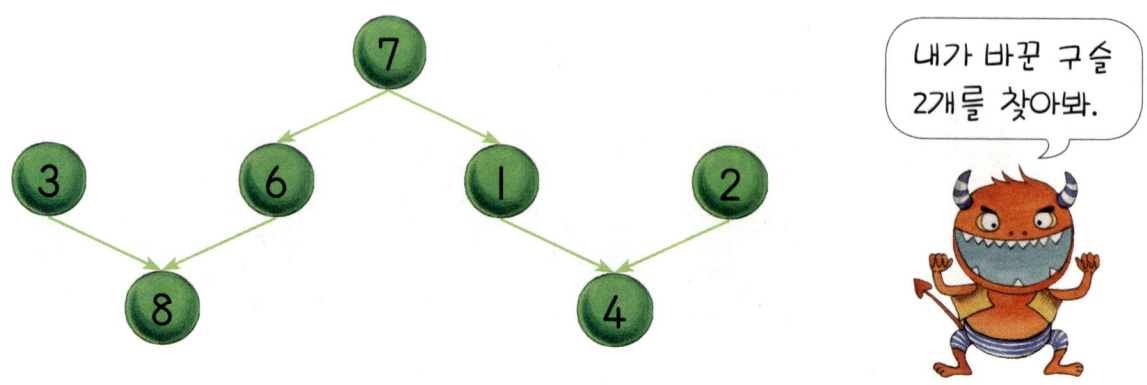

내가 바꾼 구슬 2개를 찾아봐.

2 다음과 같은 6장의 카드가 있습니다. 초이와 지오는 카드에 쓰인 수의 합이 같도록 카드를 3장씩 나누어 갖기로 하였습니다. 초이가 5 카드를 가진다고 할 때, 지오가 가지게 되는 카드 3장에 모두 ○표 하시오.

| 5 | 1 | 8 | 7 | 3 | 6 |

5 는 내 카드야.

나는 어떤 카드를 갖지?

초이   지오

3 태경이는 주어진 숫자 구슬을 가로, 세로로 2개씩 놓고 각 줄의 합을 구하였습니다. 그런데 한입 요괴가 구슬을 모두 먹어버렸습니다. 각 구슬을 올바른 자리에 놓으시오.

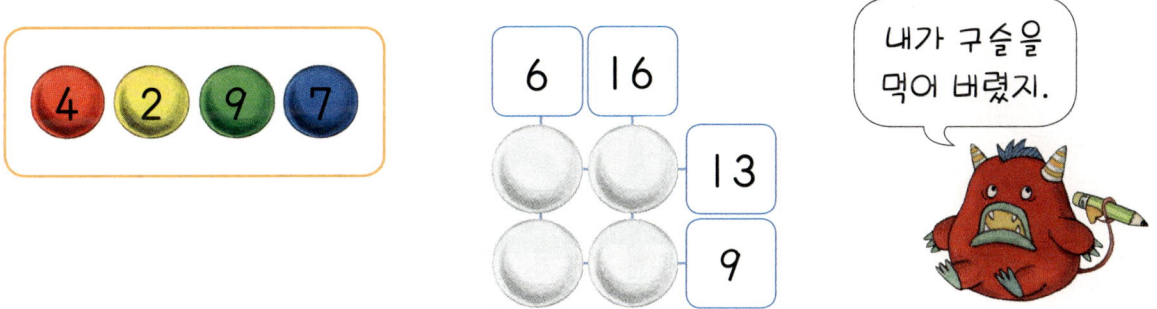

4 꼬마 요괴들이 수들을 가리고 있습니다. 같은 수는 같은 꼬마 요괴가 가리고 있다고 할 때, 각 요괴가 가리고 있는 수를 구하시오.

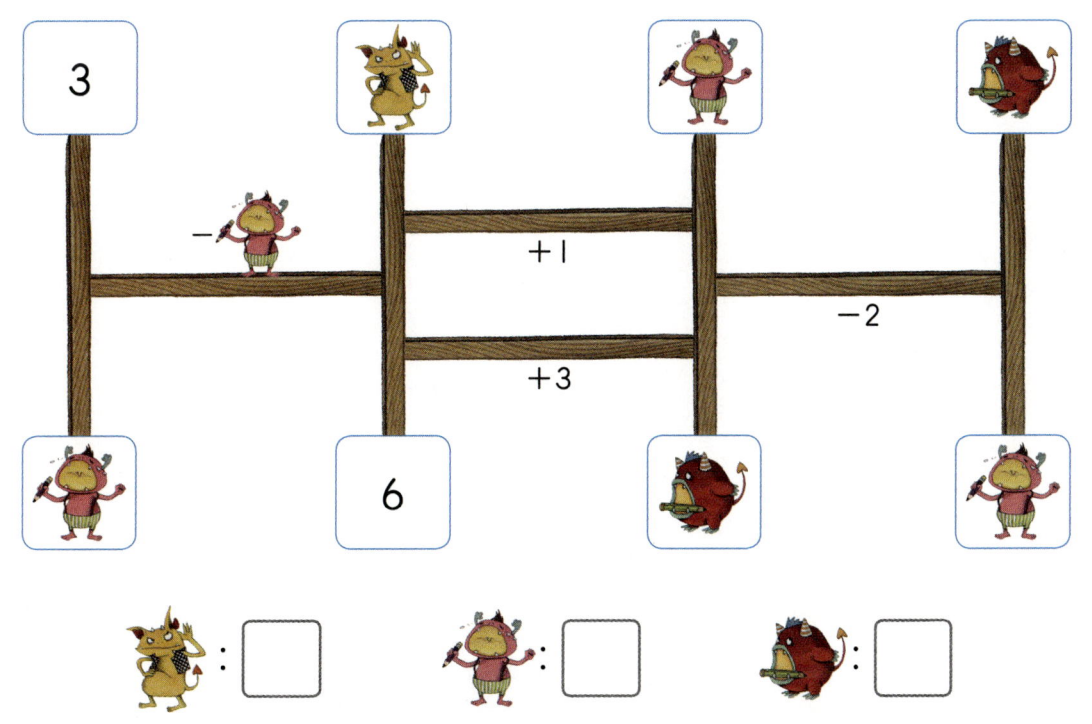

Chapter 2

수와 식 만들기

태경, 지오, 초이가 카드를 5장씩 가지고 있습니다.

태경

| 7 | = | 9 | 1 | + |

초이

| = | 4 | 10 | + | 6 |

지오

| 3 | - | 8 | 5 | = |

카드를 모두 사용해서 올바른 식을 만들어야 해.

올바른 식을 만들 수 있는 카드를 가진 사람을 모두 쓰시오.

초이와 지오가 만들 수 있는 올바른 식을 쓰시오.

초이

지오

⑧ 주머니에 들어 있는 구슬로는 올바른 식을 만들 수 없습니다. 주머니 안의 구슬 하나를 밖의 구슬과 바꾸어 올바른 식을 만드시오.

바꾼 구슬: ☐ → 13

식: _____

바꾼 구슬: ☐ → 9

식: _____

세 수 중 가장 큰 수가 나머지 두 수의 합과 같으면 덧셈식과 뺄셈식을 만들 수 있습니다.

┌─┐ ┌─┐ ┌─┐
│3│ │5│ │8│
└─┘ └─┘ └─┘

① 세 수 중 가장 큰 수를 덧셈식의 ㉠에, 뺄셈식의 ㉡에 넣습니다.

☐ + ☐ = ㉠ → ☐ + ☐ = 8

㉡ - ☐ = ☐ → 8 - ☐ = ☐

② 나머지 두 수를 덧셈식과 뺄셈식의 빈 곳에 넣어 완성합니다.

(덧셈식) 3 + 5 = 8   (뺄셈식) 8 - 3 = 5

5 + 3 = 8   8 - 5 = 3

한 번에 두 개의 식

주어진 숫자 카드를 한 번씩 모두 사용하여 두 개의 덧셈식을 완성하여 봅시다.

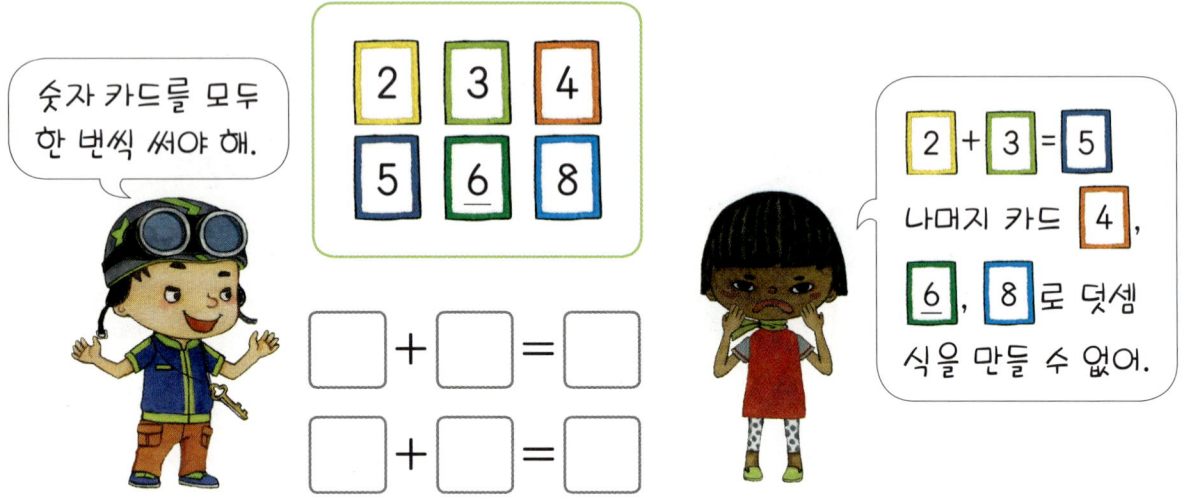

숫자 카드를 모두 한 번씩 써야 해.

☐ + ☐ = ☐

☐ + ☐ = ☐

2 + 3 = 5 나머지 카드 4, 6, 8 로 덧셈식을 만들 수 없어.

❶ 주어진 카드 중 8 은 가장 큰 수이므로 어떤 두 수의 합입니다. 주어진 숫자 카드로 합이 8이 되는 덧셈식을 완성하시오.

① 2 + ☐ = 8

② 3 + ☐ = 8

❷ ❶에서 ① 식을 완성하고 남은 숫자 카드의 수는 무엇입니까? 남은 카드를 사용하여 올바른 덧셈식을 만들 수 있습니까?

❸ ❶에서 ② 식을 완성하고 남은 숫자 카드의 수는 무엇입니까? 남은 카드를 사용하여 올바른 덧셈식을 만들 수 있습니까?

❹ 올바른 두 개의 식을 완성하시오.

[같은 식 만들기]

1 주어진 카드 중 2장을 사용하여 요정이 만든 식과 계산 결과가 같은 식을 만드시오.

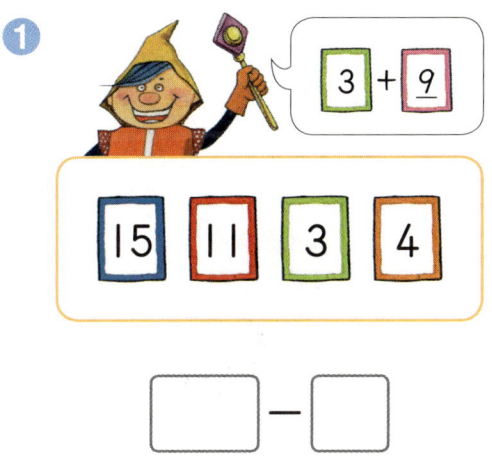

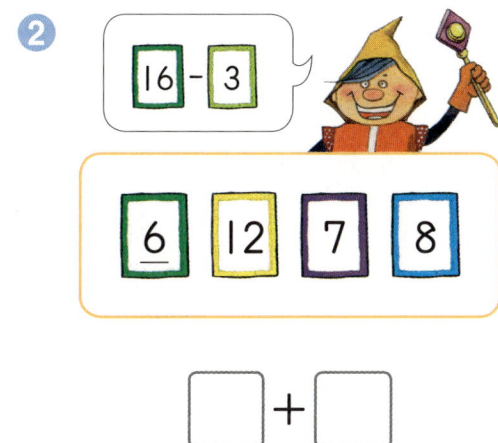

① □ □ − □

② □ + □

[덧셈식, 뺄셈식]

2 원판 안의 수를 한 번씩 모두 사용하여 덧셈식과 뺄셈식을 하나씩 만드시오.

이것도 몰라!

가장 큰 수를 어디에 놓아야 하는지 아니?

①

덧셈식 □ + □ = □

뺄셈식 □ − □ = □

②

덧셈식 □ + □ = □

뺄셈식 □ − □ = □

숨겨진 식 찾기

멍하니 요괴가 숫자들 사이에 가로, 세로 방향으로 덧셈식이 되는 세 수를 숨겨 놓았습니다.

난 하나 밖에 못 찾겠어. 어딨는지 모르겠어.

울보 요괴

울보 요괴가 찾은 것을 포함해서 6개를 숨겨 놓았어.

멍하니 요괴

울보 요괴가 찾은 것

2 + 2 = 4	7	2	1	7	5	3	6	9	7
	9	6	2	8	4	8	2	9	5
	6	4	9	2	5	2	7	1	1
8	4	1	5	2	6	3	2	2	6
1	3	9	7	1	4	1	6	2	3

가로 방향, 세로 방향으로 이웃한 세 수씩 보면서 찾아봅시다. 모두 찾아 ◯로 묶어 보시오.

[이웃한 세 수]

1 숫자 구슬 9개가 있습니다. 가로, 세로로 뺄셈식을 만들 수 있는 이웃한 세 수를
찾아 구슬을 묶어 보시오.

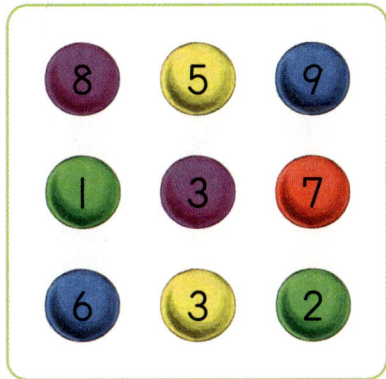

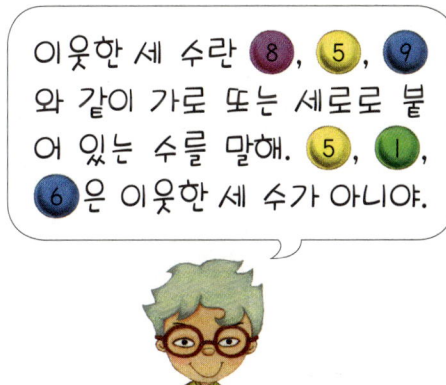

[덧셈식 만들기]

2 덧셈식이 되는 세 수를 ⌐ 또는 ⌐ 모양으로 묶고, 다음 식을 완성하시오.

6	7	2	9
12	18	10	13
1	4	7	20
12	6	5	27

[식 ①]

☐ + ☐ = ☐

또는 ☐ + ☐ = ☐

[식 ②]

☐ + ☐ = ☐

또는 ☐ + ☐ = ☐

5 목표수 만들기

태경이는 대마법사 멀린에게 수학 시계를 선물 받았습니다. 어느 날 꼬마 요괴가
수학 시계에 있는 숫자 몇 개를 지워버렸습니다.

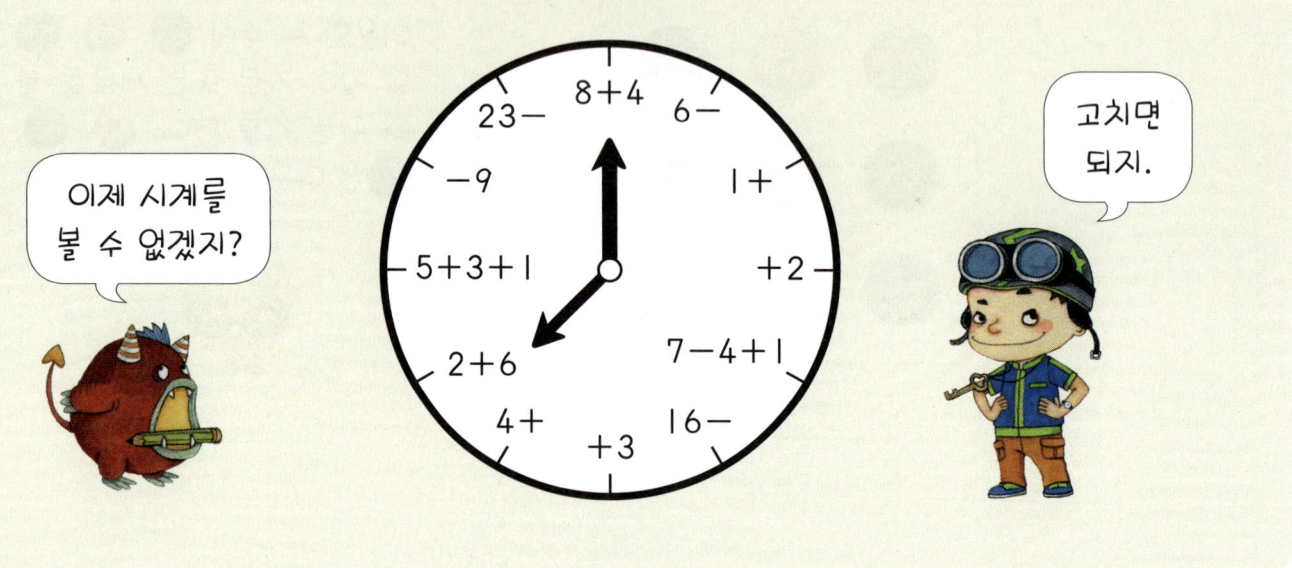

시계의 각 눈금이 1부터 12까지를 나타내도록 요괴가 지워버린 숫자를 찾아 ☐ 안
에 써넣으시오.

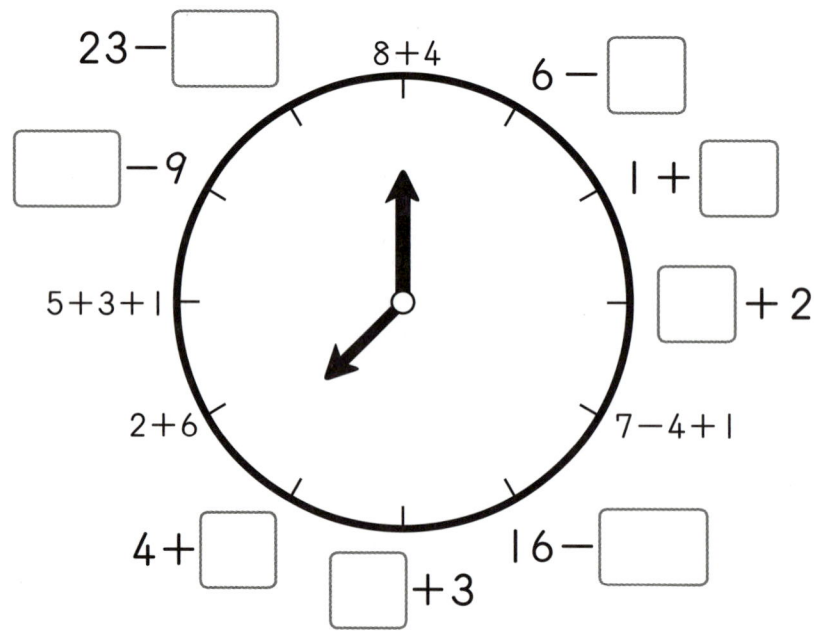

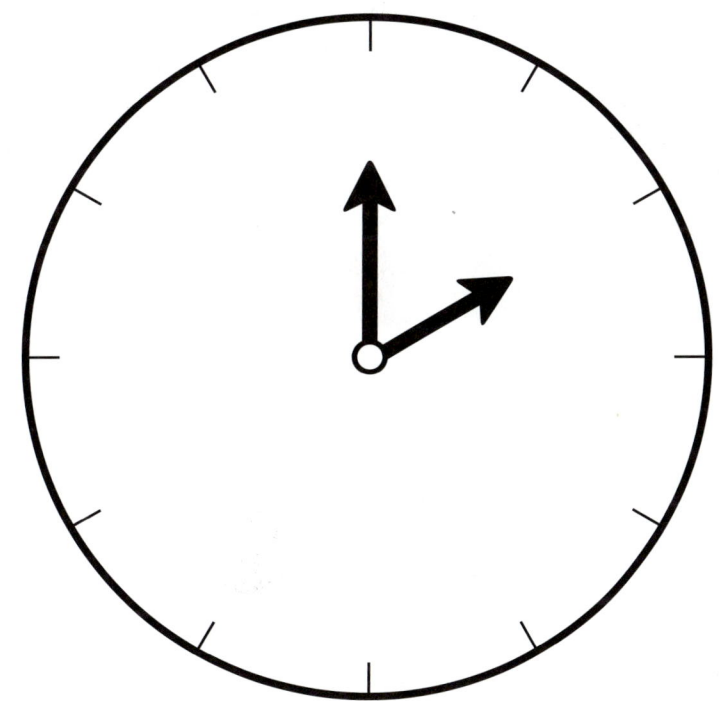

다음 조건 에 맞는 수학 시계를 만드시오.

조건

① 1, 2, 4, 8을 사용합니다.
② ＋, －는 여러 번 사용할 수 있으나 같은 숫자는 여러 번 사용할 수 없습니다.

노크 포인트

숫자 1 , 3 , 9 와 연산 기호 ＋, －를 사용하여 여러 가지 수를 만들 수 있습니다.

1	1	5	9 － 1 － 3	9	9
2	3 － 1	6	9 － 3	10	1 ＋ 9
3	3	7	9 － 3 ＋ 1	11	3 ＋ 9 － 1
4	1 ＋ 3	8	9 － 1	12	3 ＋ 9

수 만들기

볼링 목표수 게임은 볼링공에 있는 수와 ＋, ─를 사용하여 볼링핀의 번호를 만드는 게임입니다. 볼링공이 다음과 같을 때 만들 수 없는 볼링핀의 수를 알아봅시다.

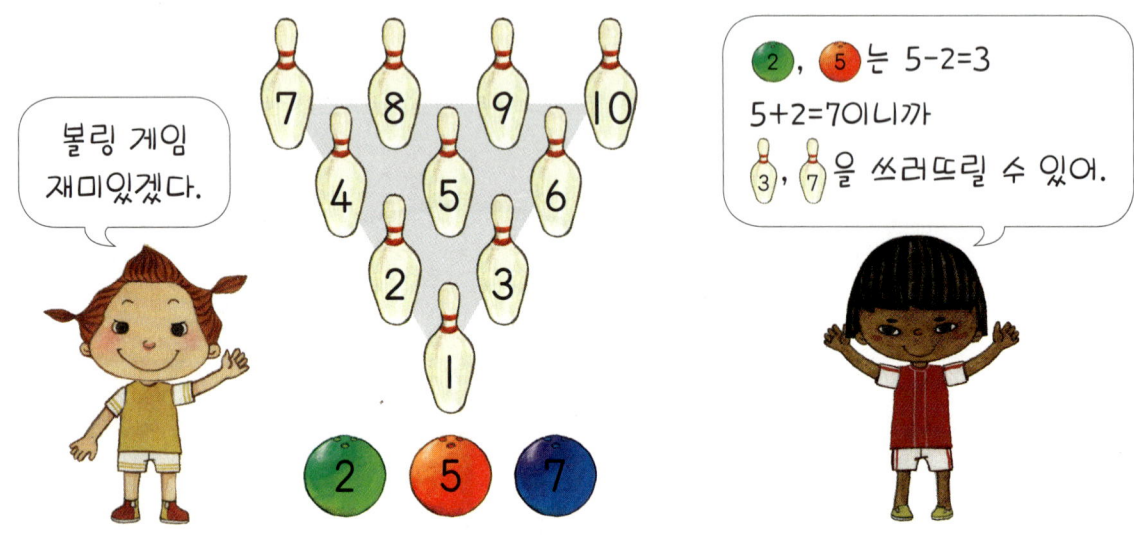

① ②, ⑤, ⑦과 ＋, ─를 사용하여 1부터 10까지의 수 중 만들 수 있는 수를 모두 쓰시오.

1		6	
2	2	7	
3	5─2	8	
4		9	
5		10	

볼링공에 2, 5, 7이 쓰여 있으니 2, 5, 7은 쓰러뜨릴 수 있어.

② 만들 수 없는 수는 모두 몇 개입니까?

[수 만들기]

1 숫자 카드와 ＋, ― 카드가 있습니다. 숫자 카드 1장을 사용하여 한 자리 수를 만들 수도 있고, 2장을 붙여서 두 자리 수를 만들 수도 있습니다. 주어진 카드를 사용하여 ⬜ 안의 수를 만들어 보시오.

$$\boxed{+} \quad \boxed{-} \quad \boxed{1} \quad \boxed{3} \quad \boxed{7}$$

4	_____
5	_____
6	_____
9	_____
14	_____
20	_____
24	_____
36	_____
38	_____

이웃한 수의 합

6개의 주사위를 던져 나온 수가 앞으로 오도록 하여 한 줄로 나란히 놓았습니다. 이웃한 수끼리 더하여 5부터 16까지의 수를 만들려고 할 때, 만들 수 없는 수를 알아봅시다.

이웃한 수끼리 더해야 하니까 떨어져 있는 수를 더하면 안 돼.

왼쪽 세 주사위의 수를 더하면 1+2+3=6이야.

❶ 이웃한 수를 더하여 5부터 16까지의 수를 만들어 보시오.

5		11	
6		12	
7		13	
8		14	
9		15	
10		16	

잘 생각해 봐!

2+3 3+3+4

❷ 만들 수 없는 수는 무엇입니까?

1 시계의 이웃한 세 수의 합이 24인 경우를 모두 찾아 ⬭로 묶어 보시오.

[이웃한 수]

2 도미노를 다음과 같이 이어 붙여 놓았습니다. 이웃한 칸의 •의 수를 더하면 12, 13, 14, 15를 모두 만들 수 있습니다. 이웃한 칸을 건너서 더할 수는 없다고 할 때, 꼬마 요괴가 가리고 있는 칸의 •의 개수를 구하시오.

아인이가 성문을 지날 때마다 꼬마 요괴들이 1부터 9까지 9장의 숫자 카드에 대한 문제를 냅니다. 요괴들이 내는 문제를 풀어야 성문을 통과할 수 있습니다. 마지막 성문을 통과하고 아인이에게 남은 카드는 무엇입니까?

앞에서 찾은 다섯 장 중에서 합이 15가 되는 카드 세 장을 뽑아. 단, 가장 큰 수와 가장 작은 수의 차는 4야.

연속된 다섯 수의 합이 25인 카드 다섯 장을 찾아봐.

연속된 다섯 수란 2, 3, 4, 5, 6과 같이 차례로 늘어놓은 5개의 수를 말해.

앞에서 찾은 세 수 중 다른 수와의 차가 항상 2인 수는 무엇일까?

다음 9장의 카드 중에서 주어진 조건 을 모두 만족하는 세 장의 카드를 찾으시오.

1 2 3 4 5 6 7 8 9

조건
① 세 수의 합이 12입니다.
② 세 수는 모두 짝수입니다.

□ , □ , □

조건
① 세 수의 합이 15입니다.
② 세 수는 1, 2, 3과 같이 연속된 수입니다.

□ , □ , □

조건
① 세 수는 모두 홀수입니다.
② 작은 두 수의 합은 가장 큰 수보다 큽니다.
③ 가장 큰 수와 가장 작은 수의 합은 10보다 크지 않습니다.

□ , □ , □

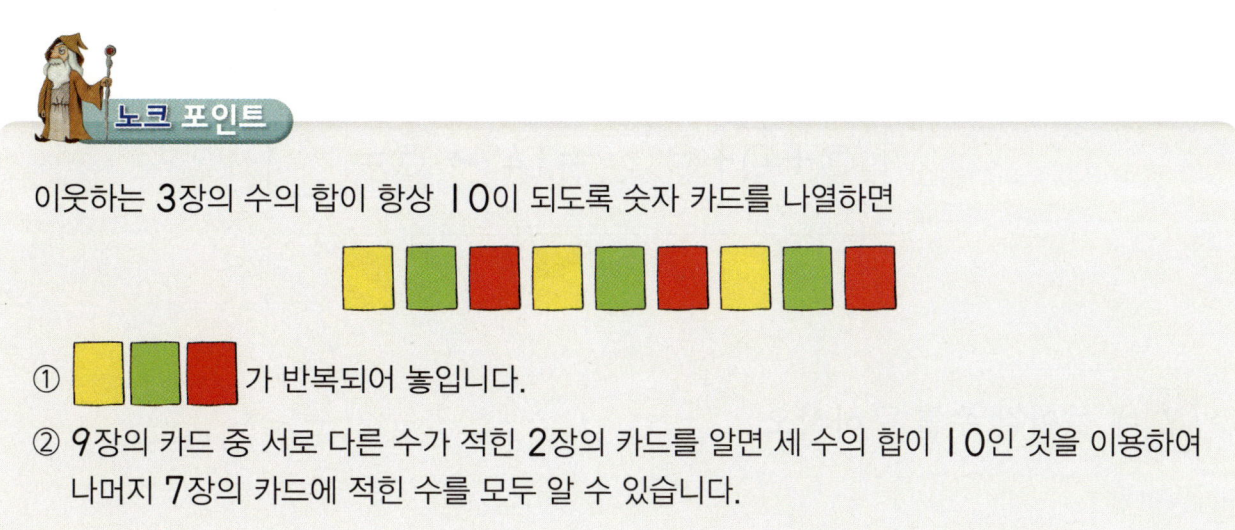

노크 포인트

이웃하는 3장의 수의 합이 항상 10이 되도록 숫자 카드를 나열하면

① [노랑] [초록] [빨강] 가 반복되어 놓입니다.
② 9장의 카드 중 서로 다른 수가 적힌 2장의 카드를 알면 세 수의 합이 10인 것을 이용하여 나머지 7장의 카드에 적힌 수를 모두 알 수 있습니다.

□번째 숫자 카드

수학 요정은 이웃한 세 수의 합이 모두 14가 되도록 카드를 늘어놓았습니다. 요정은 왼쪽에서 세 번째 카드와 오른쪽에서 세 번째 카드를 태경이에게 보여주었습니다.

❶ 이웃한 세 수의 합이 항상 14입니다. □ 안에 알맞은 수를 써넣으시오.

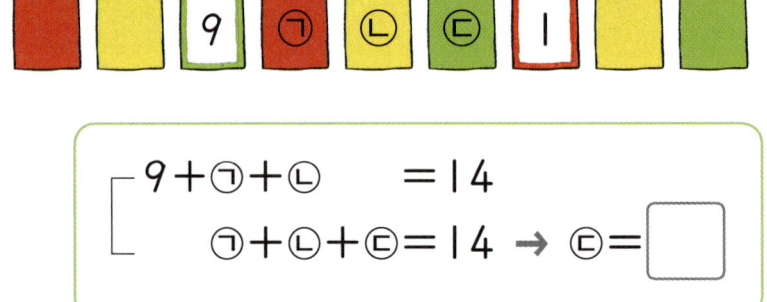

$$\begin{array}{l} 9+㉠+㉡\quad=14 \\ ㉠+㉡+㉢=14 \rightarrow ㉢=\boxed{} \end{array}$$

$$\begin{array}{l} ㉡+㉢+1=14 \\ ㉠+㉡+㉢\quad=14 \rightarrow ㉠=\boxed{} \end{array}$$

❷ ? 에 들어갈 수를 구하시오.

[이웃한 숫자 카드의 합]

1 이웃한 세 수의 합이 항상 15가 되도록 숫자 카드 12장을 늘어놓았습니다. 첫 번째 카드의 수가 7이고, 마지막 카드의 수가 2일 때, 여덟 번째 카드의 수를 구하시오.

이것도 몰라!

$7 + \square + \square = 15$
$\square + \square = 8$이지.

[둥글게 둥글게]

2 이웃한 세 수의 합이 16이 되도록 숫자 카드 12장을 둥글게 늘어놓았습니다. 마주 보는 카드의 수의 합이 다음과 같을 때 [?]에 들어갈 수를 구하시오.

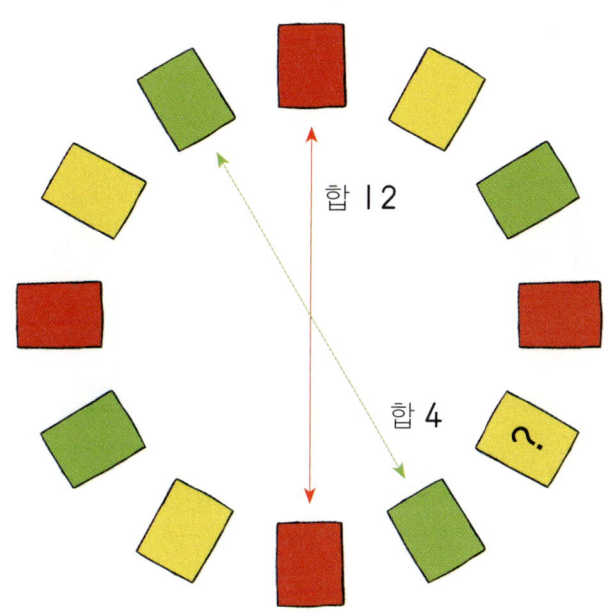

합 12

합 4

수학 요정의 수

서로 다른 수가 적힌 3장의 숫자 카드가 있습니다. 숫자 카드에 적힌 수 중 두 수의 합과 차를 모두 구한 후 2장의 숫자 카드를 뒤집어 놓았습니다. 뒤집어 놓은 숫자 카드의 수를 알아봅시다.

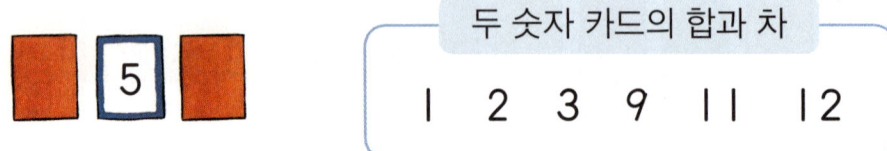

두 숫자 카드의 합과 차

1 2 3 9 11 12

❶ 차가 1, 2, 3이 되도록 뒤집힌 카드에 3과 6을 써넣었습니다. 두 숫자 카드의 합 3가지를 모두 구해 보시오. 뒤집힌 카드의 수가 3과 6이 맞습니까?

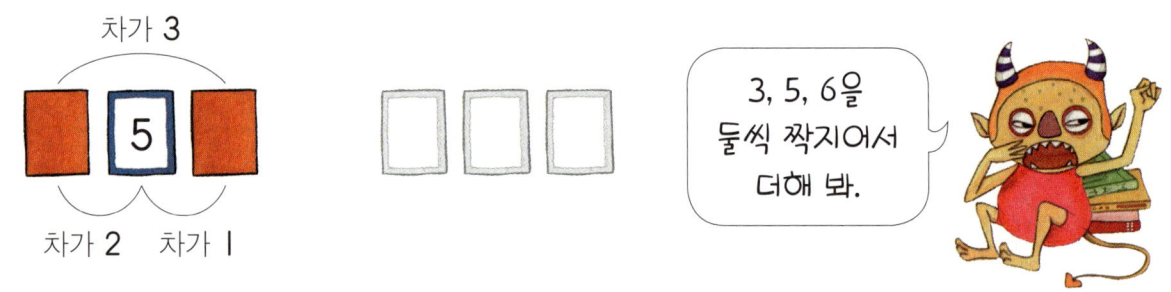

3, 5, 6을 둘씩 짝지어서 더해 봐.

❷ 차가 1, 2, 3이 되도록 뒤집힌 카드에 다른 방법으로 수를 써넣고 두 숫자 카드의 합 3가지를 모두 구해 보시오.

잘 생각해 봐!

5와 차가 2인 수에는 5보다 작은 수와 5보다 큰 수가 있어.

❸ 뒤집힌 숫자 카드의 수를 쓰시오.

1 숫자가 쓰인 구슬 3개가 있습니다. 이 중 2개의 구슬을 뽑아 합, 차를 구하려고 합니다. 다음 중 나올 수 있는 수에 모두 ◯표 하시오.

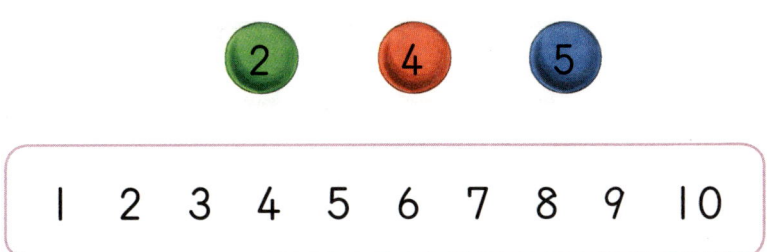

2 다음과 같은 4장의 카드가 있습니다. 보기 와 같이 합과 차를 사용하여 0을 만들어 보시오.

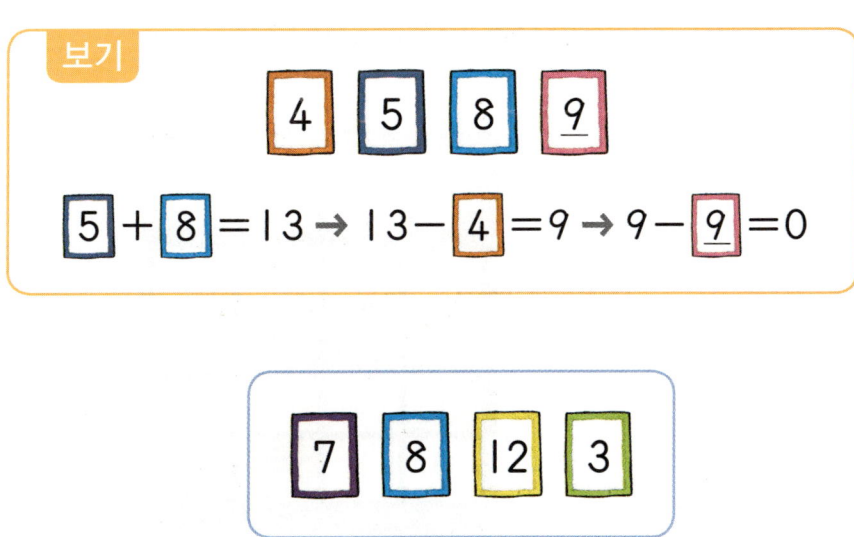

창의적 문제해결력

1 다음 숫자 카드 중 3장을 골라 덧셈식을 만들려고 합니다. ☐ 안에 들어갈 수 있는 수 중 가장 작은 수와 가장 큰 수를 차례로 쓰시오.

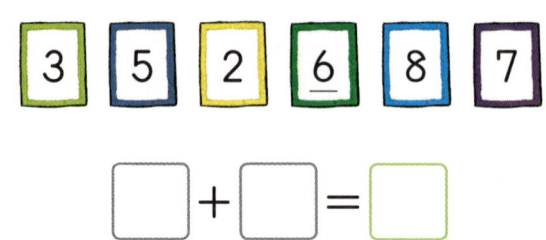

☐ + ☐ = ☐

2 계산기의 색칠한 버튼을 한 번씩 눌렀더니 계산 결과가 17이 되었습니다. 계산기를 누른 순서대로 다음 식을 완성하시오.

1, 4, 5, 6
4개의 숫자 버튼을
눌렀군.

☐☐ - ☐ + ☐ = 17

3 가로, 세로로 이웃한 세 수를 사용하여 덧셈식 또는 뺄셈식을 모두 3개 만드시오.

3	5	8	12
7	3	2	6
5	9	1	6
11	12	5	9

4 4개의 주사위를 던져 나온 수를 앞으로 오도록 하여 나란히 놓았습니다. 이웃한 수를 더하여 1부터 9까지 만들 수 있다고 할 때, 2번째 주사위에 알맞은 수를 써넣으시오.

떨어져 있는 주사위의 수를 더할 수는 없어.

Chapter 3

모르는 수

아인이는 꼬마 요괴들이 좋아하는 수를 맞힐 수 있다고 합니다.

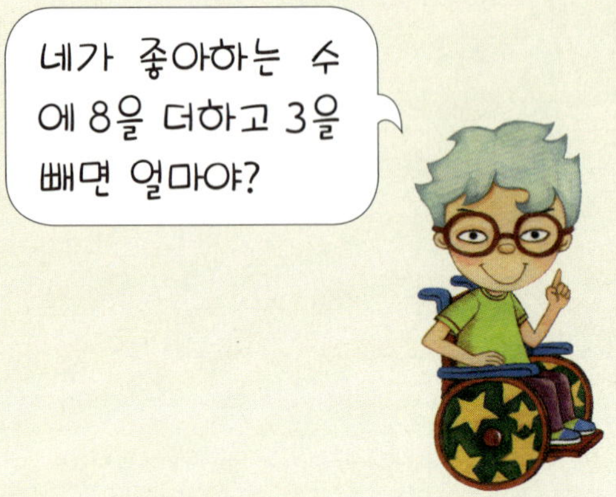

> 네가 좋아하는 수에 8을 더하고 3을 빼면 얼마야?

아인

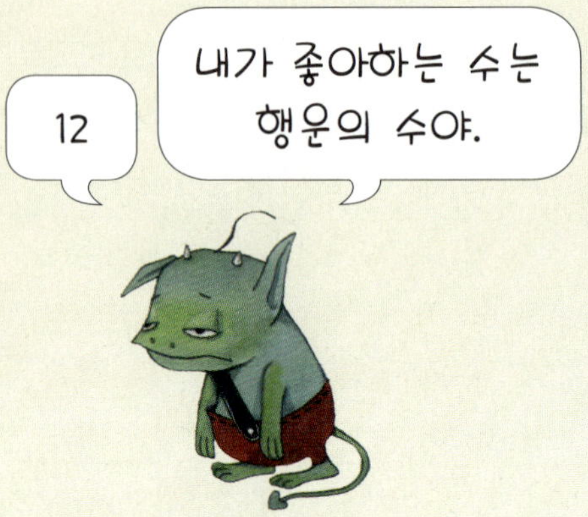

> 12
>
> 내가 좋아하는 수는 행운의 수야.

멍하니 요괴

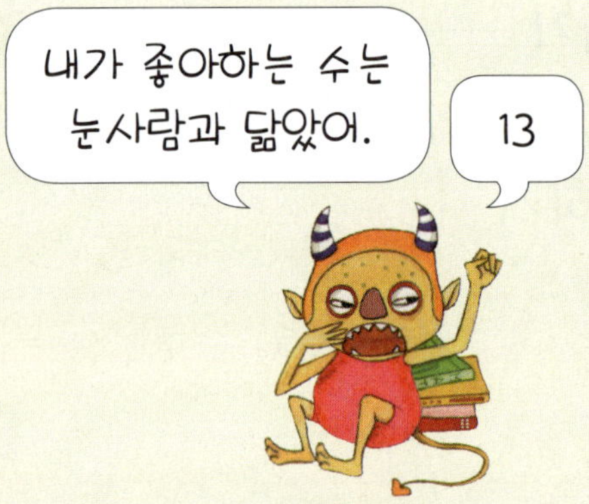

> 내가 좋아하는 수는 눈사람과 닮았어.
>
> 13

잠만자 요괴

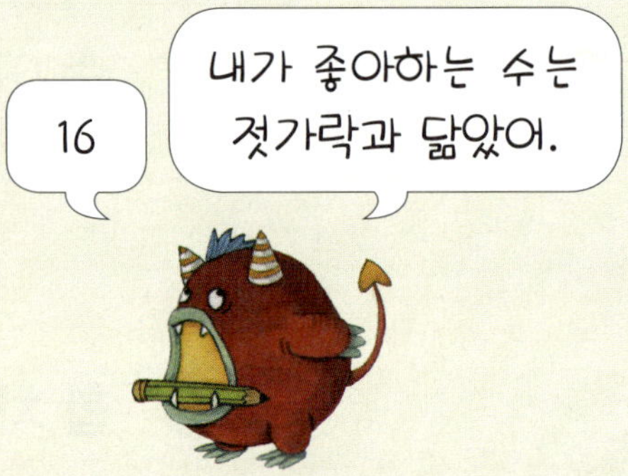

> 16
>
> 내가 좋아하는 수는 젓가락과 닮았어.

한입 요괴

멍하니 요괴가 좋아하는 수를 □라 하면 다음과 같이 식을 세울 수 있습니다. 멍하니 요괴가 좋아하는 수는 무엇입니까?

$$\square + 8 - 3 = 12$$

한입 요괴와 잠만자 요괴가 좋아하는 수를 □라 하여, □가 있는 식으로 나타내고 좋아하는 수를 구하시오.

☺ 다음을 ☐가 있는 식으로 나타내고, 그 값을 구하시오.

어떤 수와 6의 합은 12와 같습
니다.

식: _____

☐ = _____

18에서 어떤 수를 빼면 5입니다.

식: _____

☐ = _____

4와 어떤 수의 합에서 7을 빼면 3
입니다.

식: _____

☐ = _____

어떤 수에 1을 더한 후, 9를 빼면
10입니다.

식: _____

☐ = _____

노크 포인트

어떤 수는 ☐를 사용하여 나타낼 수 있습니다.

① 덧셈식

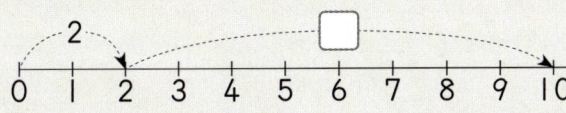

$2 + ☐ = 10 \rightarrow ☐ = 8$

② 뺄셈식

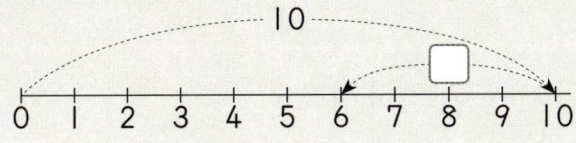

$10 - ☐ = 6 \rightarrow ☐ = 4$

 수 이야기

태경이 일기의 ☐ 안에 주어진 수를 알맞게 써넣으시오.

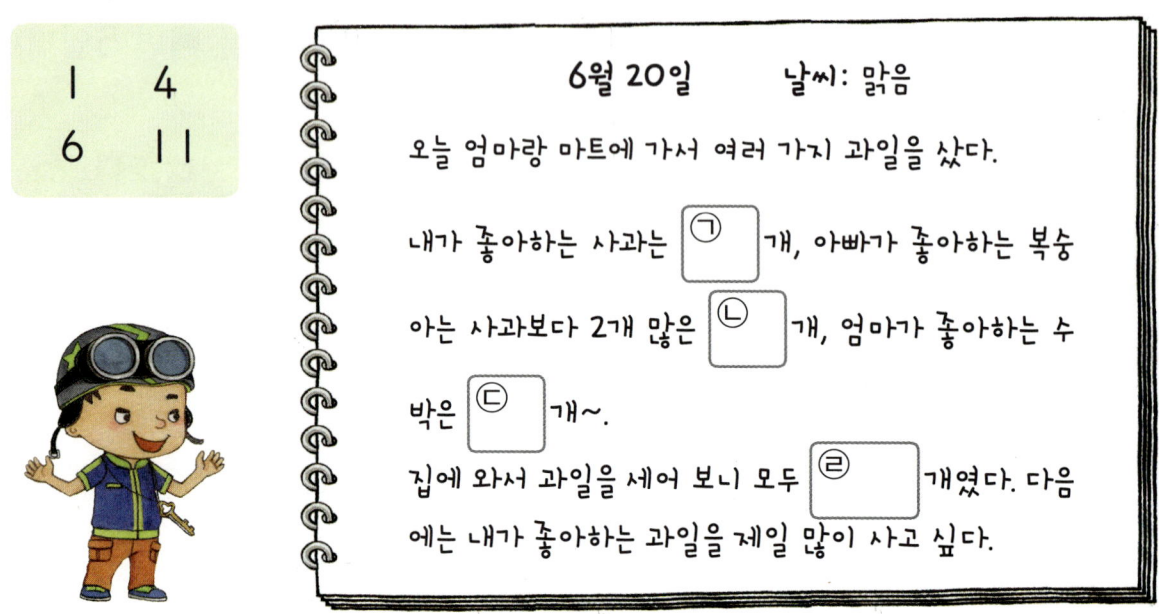

```
  I   4
  6   11
```

6월 20일   날씨: 맑음

오늘 엄마랑 마트에 가서 여러 가지 과일을 샀다.

내가 좋아하는 사과는 ⓐ ☐ 개, 아빠가 좋아하는 복숭

아는 사과보다 2개 많은 ⓑ ☐ 개, 엄마가 좋아하는 수

박은 ⓒ ☐ 개~.

집에 와서 과일을 세어 보니 모두 ⓓ ☐ 개였다. 다음

에는 내가 좋아하는 과일을 제일 많이 사고 싶다.

❶ 주어진 수 중 가장 큰 수 11을 알맞은 곳에 쓰고, 그렇게 생각한 이유를 쓰시오.

❷ 사과와 복숭아의 개수의 차는 몇 개입니까? ⓐ, ⓑ에 알맞은 수를 써넣으시오.

❸ ⓒ에 알맞은 수를 써넣고, 태경이의 일기를 완성하시오.

[요괴 카드]

1 아인이와 태경이가 게임 카드에 대해 이야기를 나누고 있습니다. 다음 대화를 보고 ☐ 안에 주어진 수를 알맞게 써넣으시오.

카드가 몇 장씩 차이 나는지 생각해야 해.

5   27   2   26

나 어제 요괴 카드를 ☐ 장 샀어.

아인

나보다 3장이나 많이 샀네. 나는 ☐ 장 샀어. 그래서 모두 ☐ 장이 되었어.

태경

내 카드는 모두 ☐ 장이야. 너보다 1장이 적네.

아인

[초이의 나이]

2 초이가 동생과 언니의 나이를 이야기하였습니다. ☐ 안에 주어진 수를 알맞게 써넣으시오.

4   6
8   12

나는 ☐ 살이고, 유치원에 다니는 내 동생은 ☐ 살이야. 언니는 나보다 ☐ 살 더 많은 ☐ 살이야.

초이

바르게 계산하기

딴소리 요괴는 어떤 수에서 3을 빼고 7을 더해야 하는 문제를 잘못 듣고, 어떤 수에 3을 더하고 7을 뺐습니다. 딴소리 요괴가 계산한 결과가 12일 때, 바르게 계산한 값을 구해 봅시다.

어떤 수에서 3을 빼고 7을 더한 값을 구해라!

어떤 수에 3을 더한 다음 7를 빼라구? 계산하면 12야.

대마왕   딴소리 요괴

잘 생각해 봐!

어떤 수를 □라 하여 식을 세우면 되지.

❶ 딴소리 요괴가 계산한 식을 □를 사용하여 나타내시오.

❷ ❶의 식을 계산하여 어떤 수를 구하시오.

❸ 대마왕이 이야기한 식을 □를 사용하여 나타내시오.

❹ ❸의 식에 ❷에서 구한 어떤 수를 넣어 계산 결과를 구하시오.

1 어떤 수에서 11을 빼야할 것을 잘못하여 어떤 수와 11의 합을 구하였더니 32가 되었습니다. 바르게 계산한 값을 구하시오.

[잘못된 계산]
$$\square + 11 = 32$$
$$\rightarrow \square = 32 - 11$$

[덧셈은 뺄셈으로, 뺄셈은 덧셈으로]

2 다음은 거꾸로 요괴가 덧셈은 뺄셈으로, 뺄셈은 덧셈으로 계산한 것입니다. 거꾸로 요괴의 계산을 보고 바르게 계산한 값을 구하시오.

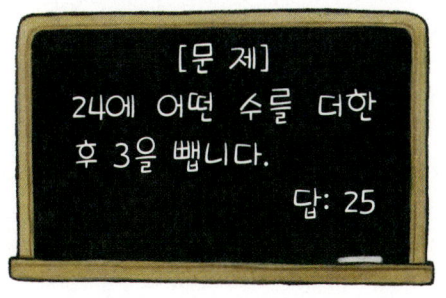

[문제]
24에 어떤 수를 더한 후 3을 뺍니다.
답: 25

거꾸로 요괴

더해야 하는 건 빼고~
빼야 하는 건 더했지~ 히히.

합 차 두 수

초이와 태경이는 구슬을 나누어 가졌습니다. 태경이가 초이에게 구슬 몇 개를 주면 두 사람이 가지고 있는 구슬의 개수가 같아질까요?

태경이가 가진 구슬을 초이에게 하나씩 옮겨가며 다음 표를 완성하시오.

태경	16	15			
초이	8	9			
차	8				

태경이는 초이에게 구슬 몇 개를 주어야 합니까?

아인이가 동생에게 연필 2자루를 주면 두 사람이 가진 연필의 개수가 같아집니다. 아인이는 동생보다 연필을 몇 자루 더 많이 가지고 있었습니까?

지오는 사탕 30개를 2개의 주머니에 나누어 넣었습니다. 파란 주머니의 사탕이 빨간 주머니의 사탕보다 6개 더 많을 때 파란 주머니의 사탕 몇 개를 빨간 주머니로 옮기면 두 주머니의 사탕의 개수가 같아집니까?

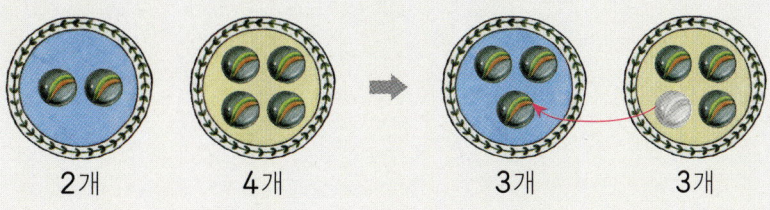

파란 접시에 있는 구슬의 개수와 노란 접시에 있는 구슬의 개수를 같게 만들려고 할 때,

① 두 접시에 있는 구슬 개수의 차를 구합니다.
② 차의 반만큼을 많은 쪽에서 적은 쪽으로 옮깁니다.

 **몇 개?**

주말 농장에 다녀온 아인이 가족의 대화를 보고 아버지의 물음에 답하시오.

❶ 가지와 오이의 개수의 합이 20이 되도록 다음 표 안에 알맞은 수를 써넣으시오.

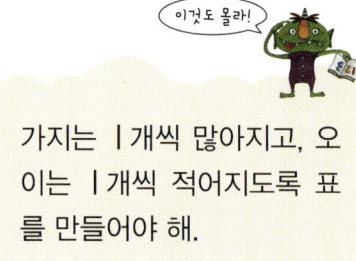
가지는 1개씩 많아지고, 오이는 1개씩 적어지도록 표를 만들어야 해.

가지	10	11				
오이	10	9				
합	20	20				
차	0	2				

❷ ❶의 표에서 가지가 오이보다 6개 더 많을 때 가지는 몇 개입니까?

1 [양, 염소]

어느 목장에 있는 양과 염소는 모두 15마리입니다. 염소가 양보다 3마리가 더 많다고 할 때, 양과 염소는 각각 몇 마리인지 구하시오.

내가 양보다 3마리 더 많아.

양   염소

2 [오빠의 나이]

지오가 나이 퀴즈를 내고 있습니다. 지오의 이야기를 보고 오빠의 나이를 구하시오.

지오

오빠는 나보다 6살이 더 많아. 우리 두 사람의 나이를 더하면 22야.

잘 생각해 봐!

표를 그려서 합은 22이고, 차는 6인 두 수를 찾아보렴.

자동차에 탄 사람

12명의 사람들이 자동차 3대에 나누어 탔습니다. 자동차에 탄 사람 수를 나타내는 다음 그림을 보고 각 자동차에 탄 사람의 수를 구해 봅시다.

❶ 다음 ☐ 안에 알맞은 수를 써넣으시오.

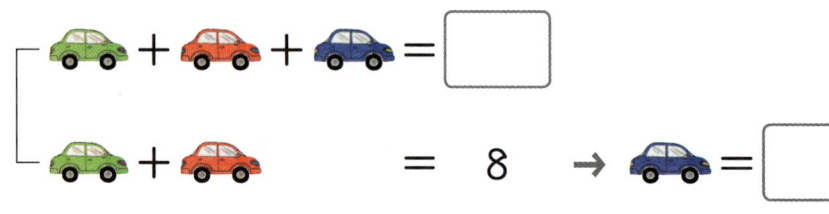

이것도 몰라!

모두 12명. 그런데 🚗와 🚗에 탄 사람은 8명. 그럼 🚗에는?

❷ 🚗에 탄 사람의 수를 이용하여 🚗에 탄 사람의 수를 구하시오.

🚗 + 🚗 = 9 → 🚗 = ☐

❸ 다음을 이용하여 🚗에 탄 사람의 수를 구하시오.

🚗 + 🚗 = 8 → 🚗 = ☐

❹ 각 자동차에 타고 있는 사람의 수를 쓰시오.

🚗 : ☐ 명   🚗 : ☐ 명   🚗 : ☐ 명

[얼마일까]

1 초이는 1000원을 100원짜리 동전으로 모두 바꾸어 지갑 3개에 나누어 넣었습니다. 지갑에 들어 있는 동전의 개수가 다음 식과 같을 때, 지갑 ㉡에 들어 있는 돈은 얼마인지 구하시오.

$$㉠+㉡=6 \qquad ㉡+㉢=7$$

잘 생각해 봐!

㉠, ㉡, ㉢에 들어 있는 동전은 모두 10개야.

[무게]

2 각 동물들의 무게를 구하시오.

13 kg   8 kg   7 kg

 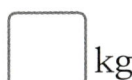 kg     kg   kg

도형이 나타내는 수

다음 그림 카드는 0부터 9까지의 수 중 각각 다른 수를 나타내고 있습니다.

초이와 아인, 태경이는 자신이 들고 있는 카드가 나타내는 수의 합을 이야기합니다.

초이

아인

태경

초이와 태경이가 들고 있는 그림 카드가 나타내는 수를 구하시오.

초이

$\boxed{\text{🪐}}+\boxed{\text{🪐}}=4 \rightarrow \boxed{\text{🪐}}=\boxed{}$

$\boxed{\text{🪐}}+\boxed{\text{🪐}}+\boxed{\text{🪐}}=3 \rightarrow \boxed{\text{🪐}}=\boxed{}$

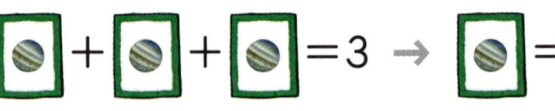 

태경

아인이가 들고 있는 그림 카드가 나타내는 수를 구하시오.

아인

$\boxed{\text{🪐}}+\boxed{\text{☀}}=7 \rightarrow \boxed{}+\boxed{\text{☀}}=7 \rightarrow \boxed{\text{☀}}=\boxed{}$

 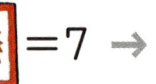 

다음은 수를 도형으로 나타낸 것입니다. 다섯 번째 모양이 나타내는 수를 알아 봅시다.

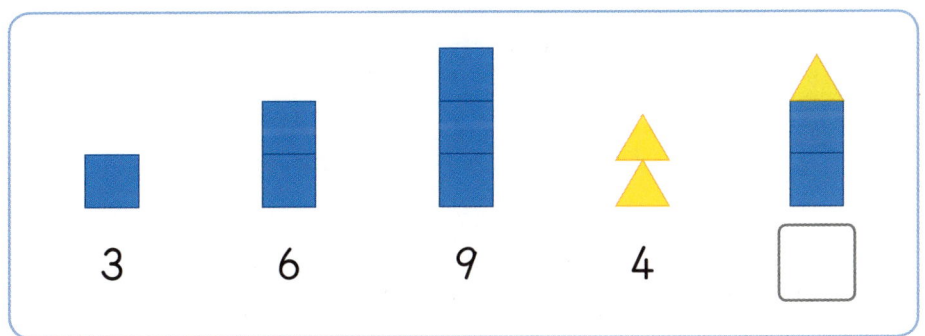

- ■모양 1개는 3, ■모양 2개는 6, ■모양 3개는 9입니다. ■모양을 위로 쌓은 규칙을 설명하시오.

- ▲모양 2개는 4입니다. ▲모양이 나타내는 수를 구하시오.

- ☐ 안에 알맞은 수를 써넣으시오.

노크 포인트

도형수에서 같은 도형은 같은 수, 다른 도형은 다른 수를 나타냅니다.

도형이 나타내는 수를 구할 때에는
① 하나의 도형으로 이루어진 식부터 구하는 것이 좋습니다.
② ①에서 구한 수를 도형 대신 식에 넣은 다음, 다른 도형이 나타내는 수를 구합니다.

$$◆+◆=2$$
$$◆+●=5$$
⟶
① ◆=1
② 1+●=5 → ●=4

 **도형과 식**

요괴들이 수를 가리고 있습니다. 같은 수는 같은 요괴가 가린다고 할 때, 각 요괴가 가리고 있는 수의 합을 구해 봅시다.

ⓒ 12 − 🐗 = 🐗

❶ ⓒ 식에서 🐗가 가리고 있는 수를 구하시오.

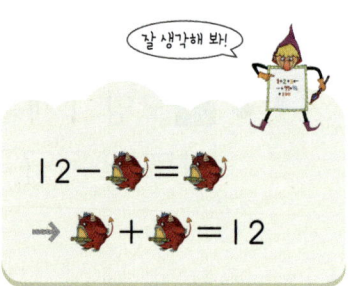

❷ ㉠과 ㉡ 식에서 🦎, 🐱가 가리고 있는 수를 쓰시오.

 : ☐    : ☐

❸ 세 요괴가 가리고 있는 수의 합을 구하시오.

1 같은 색 구슬은 같은 수, 다른 색 구슬은 다른 수를 나타냅니다. 다음을 보고 각 구슬이 나타내는 수를 구하시오.

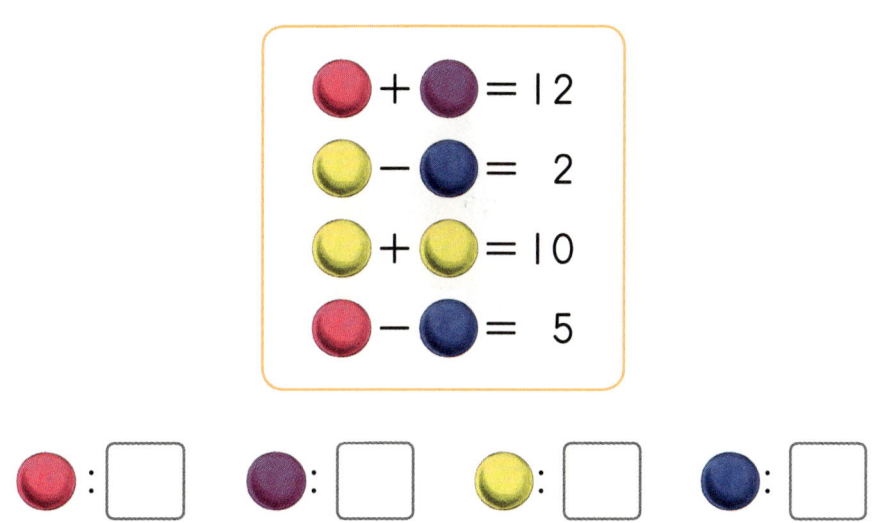

2 각 카드는 1부터 6까지의 수 중 하나의 수를 나타냅니다. 같은 색 카드는 같은 수, 다른 색 카드는 다른 수를 나타낸다고 할 때, 각 카드에 알맞은 수를 써넣으시오.

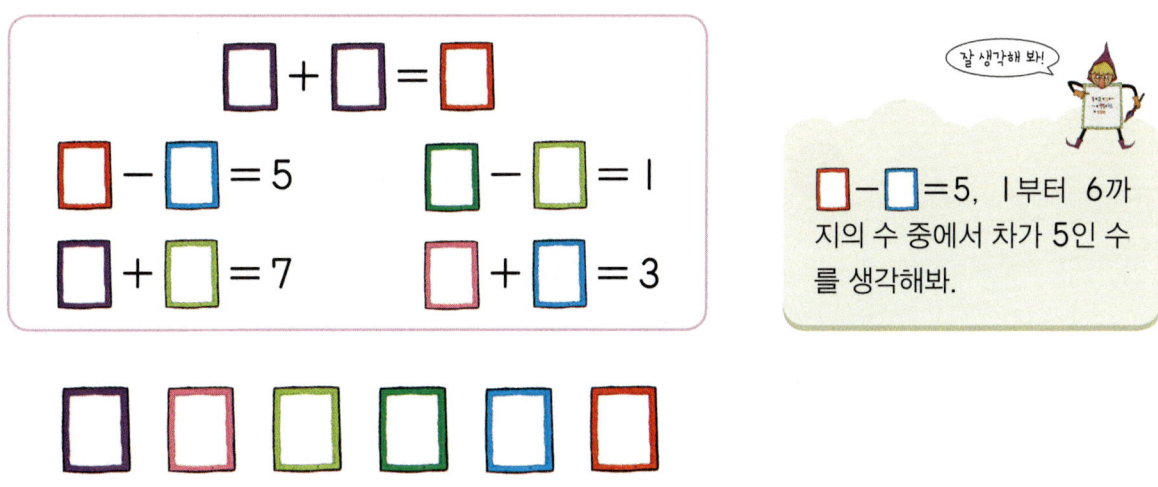

잘 생각해 봐!

$\square - \square = 5$, 1부터 6까지의 수 중에서 차가 5인 수를 생각해봐.

도형 매트릭스

같은 색 구슬은 같은 수를 나타낸다고 할 때, 선으로 연결된 세 구슬의 합이 ☐ 안의 수 입니다. 각 구슬이 나타내는 수를 알아봅시다.

> 같은 색 구슬은 같은 수,
> 다른 색 구슬은 다른 수를 나타내지.

❶ ☐ 안에 알맞은 수를 써넣고 ⬤이 나타내는 수를 구하시오.

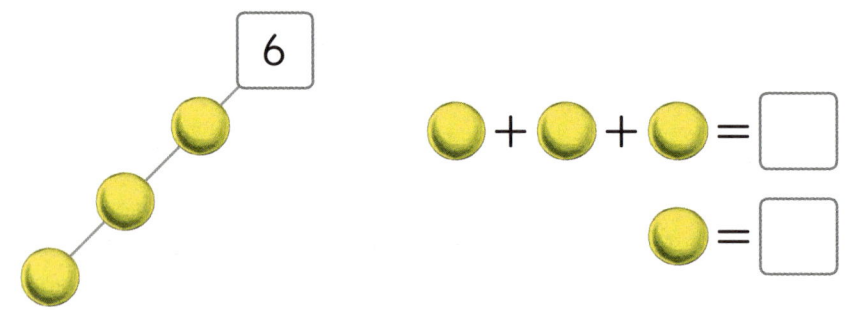

❷ ☐ 안에 알맞은 수를 써넣고 ⬤이 나타내는 수를 구하시오.

❸ ⬤이 나타내는 수를 구하시오.

⬤ + ⬤ + ⬤ = 10   ⬤ = ☐

1 같은 모양은 같은 수, 다른 모양은 다른 수를 나타냅니다. 가로, 세로줄에 있는 도형수의 합을 오른쪽과 위의 ☐ 안에 써넣으시오.

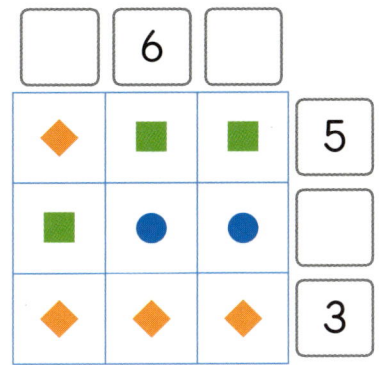

이것도 몰라!

◆+◆+◆=3
◆를 구해 봐.

[도형이 나타내는 수]

2 오른쪽과 아래쪽의 수는 가로, 세로줄에 있는 도형수의 합을 나타냅니다. 각 도형이 나타내는 수를 구하시오.

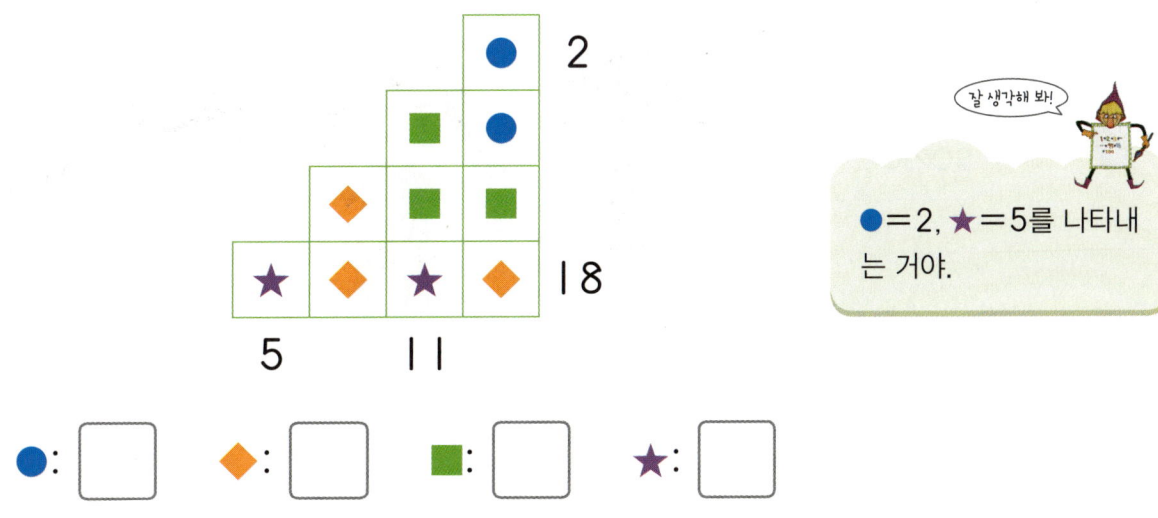

잘 생각해 봐!

●=2, ★=5를 나타내는 거야.

● : ☐   ◆ : ☐   ■ : ☐   ★ : ☐

 창의적 문제해결력

1 관계있는 것끼리 선으로 이으시오.

참새 16마리가 있었습니다. 몇 마리가 날아가고 5마리만 남았습니다.	지오는 가지고 있던 색종이 중 3장을 사용하고 9장이 남았습니다.	초이는 빨간 구슬 4개와 파란 구슬 몇 개를 모아 10개의 구슬을 가지게 되었습니다.

•   •   •

•   •   •

$4 + \boxed{} = 10$	$\boxed{} - 3 = 9$	$16 - \boxed{} = 5$

2 초이와 태경이가 구슬을 가지고 있습니다. 초이가 가지고 있는 구슬 중 3개를 태경이에게 주면 두 사람이 가진 구슬의 수가 같아집니다. 구슬을 주기 전 초이와 태경이가 가진 구슬의 수를 각각 구하시오.

너와 나의 구슬을 모으면 모두 40개야.

초이

네가 나에게 구슬 3개를 주면 구슬의 수가 같아지지.

태경

3 두 양동이에 들어 있는 물의 양은 모두 28 L입니다. 양동이 ㉠에서 8 L를 덜어 양동이 ㉡에 넣으면 두 양동이에 든 물의 양이 같아집니다. 처음 양동이 ㉠에 든 물의 양을 구하시오.

㉠   ㉡

4 오른쪽과 아래의 수는 가로, 세로줄에 있는 도형수의 합을 나타냅니다. ㉠에 알 맞은 수를 구하시오.

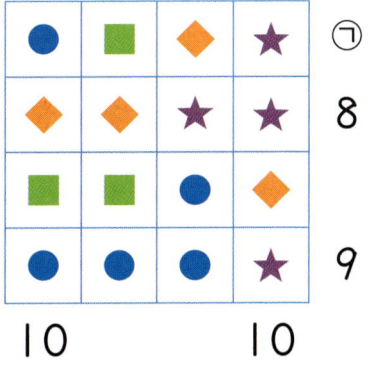

Chapter 4

퍼즐과 연산

가장 빠른 길로 미로를 통과하며 길에 쓰인 식을 차례로 계산하면 요정의 카드에 적힌 수가 계산 결과로 바뀝니다.

요정이 통과한 가장 빠른 길을 나타내고, 미로를 통과한 요정의 카드에 알맞은 계산 결과를 써넣으시오.

27 $\xrightarrow{+1}$ ☐ $\xrightarrow{-11}$ ☐ $\xrightarrow{-4}$ ☐ $\xrightarrow{+5}$ ☐ $\xrightarrow{-6}$ ☐

태경이가 가장 빠른 길을 따라 미로를 통과하며 길에 쓰인 식을 차례로 계산합니다. ㉠에 알맞은 수를 써넣으시오.

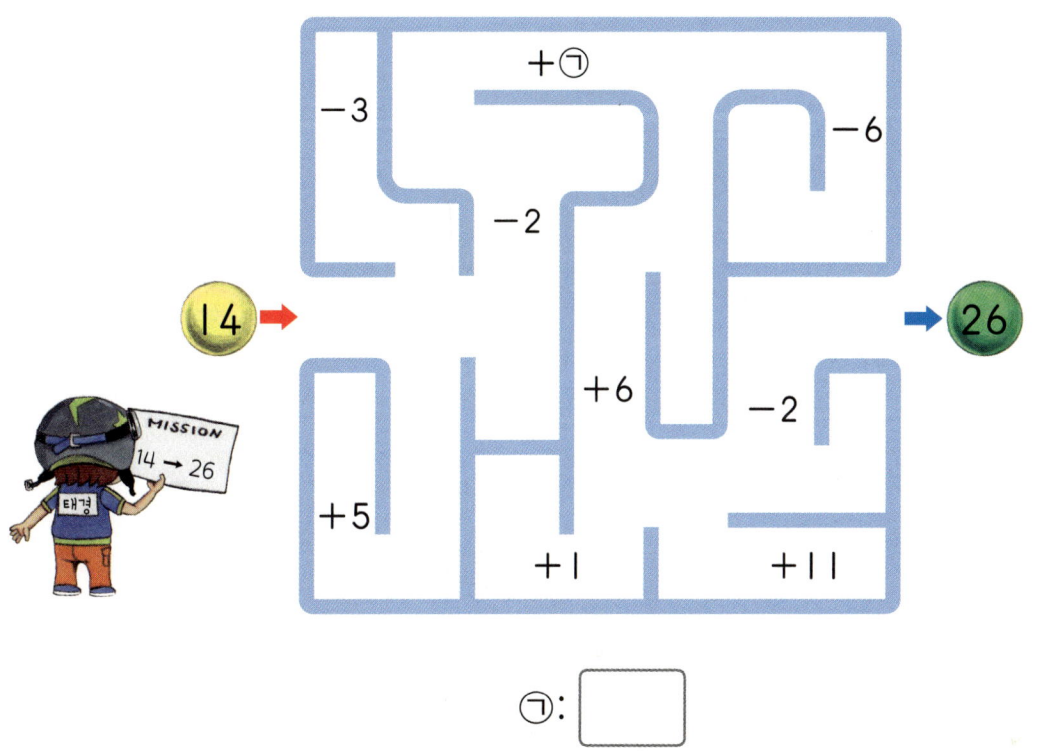

㉠: ☐

노크 포인트

연산 퍼즐에는 미로 퍼즐, 크로스 퍼즐, 가쿠로 퍼즐이 있습니다.
① 미로 퍼즐은 가장 빠른 길로 통과하면서 길 위의 식을 차례로 계산하는 것입니다.
② 크로스 퍼즐은 가로, 세로에 놓인 식이 모두 올바르도록 알맞은 수를 넣는 것입니다.
③ 가쿠로 퍼즐은 가로, 세로에 놓인 수의 합에 맞게 빈 곳에 알맞은 수를 쓰는 것입니다.

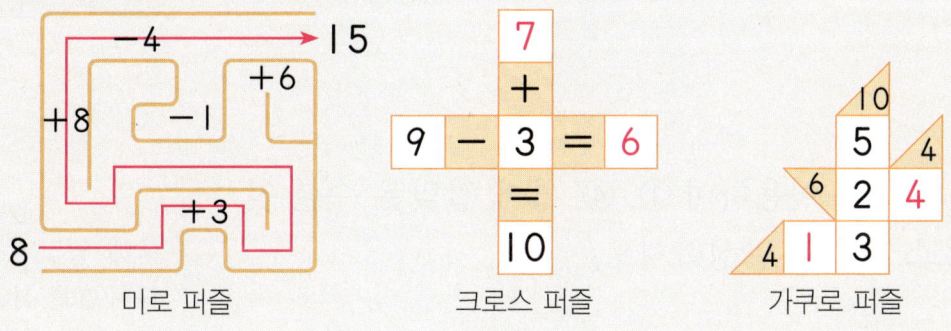

미로 퍼즐   크로스 퍼즐   가쿠로 퍼즐

가로, 세로줄의 식이 올바른 식이 되도록 빈 곳에 알맞은 수를 알아봅시다.

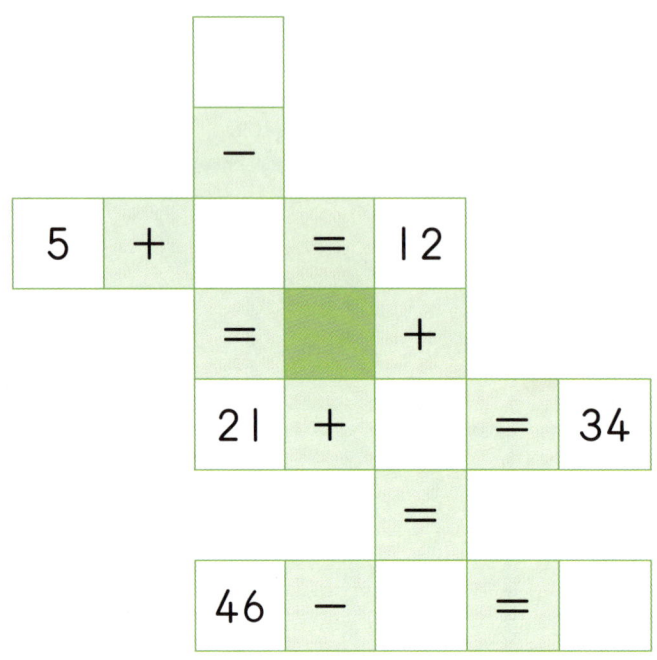

❶ 오른쪽 ②, ③에 알맞은 수를 찾아 써넣으시오.

$5 + \boxed{②} = 12 \rightarrow ② = \boxed{}$

$21 + \boxed{③} = 34 \rightarrow ③ = \boxed{}$

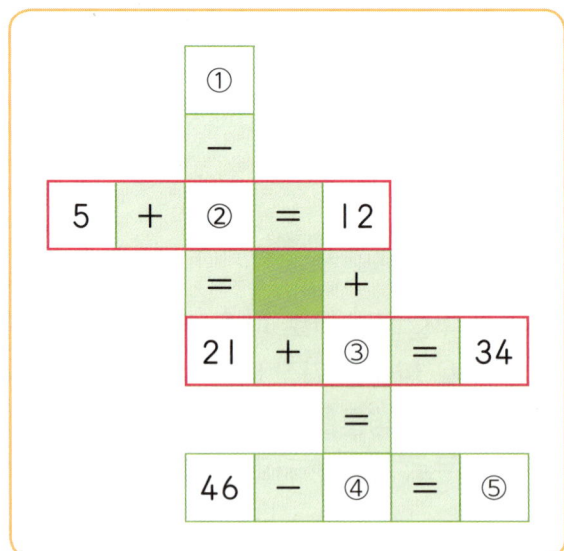

❷ 세로줄의 식을 이용하여 ①, ④, ⑤에 알맞은 수를 찾아 크로스 퍼즐을 완성하시오.

이것도 몰라!

④에 알맞은 수를 찾은 다음 ⑤를 찾아야 해.

1 [크로스 크로스]
한 줄에 놓인 식이 올바른 식이 되도록 빈 구슬에 알맞은 수를 써넣으시오.

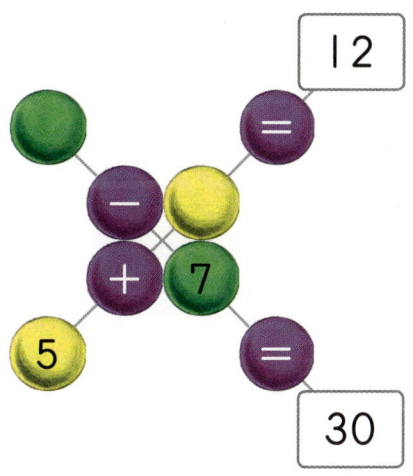

2 [가로 세로 크로스]
가로 세로 크로스 퍼즐을 완성하시오.

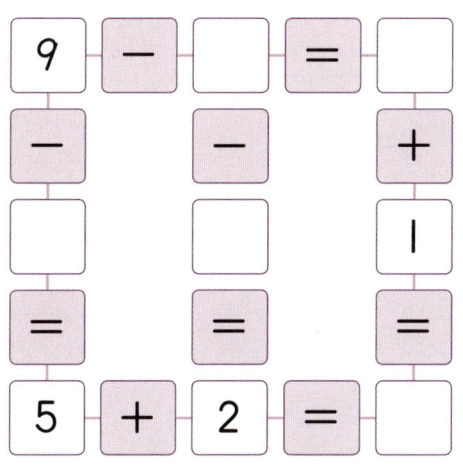

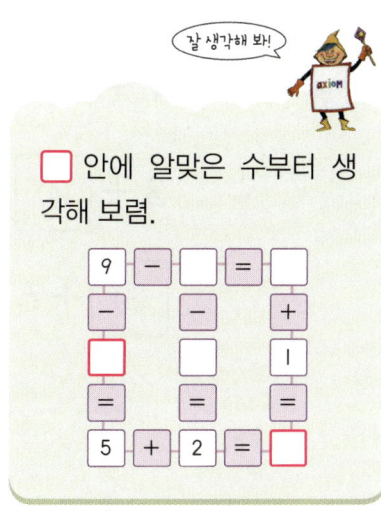

□ 안에 알맞은 수부터 생각해 보렴.

가쿠로 퍼즐

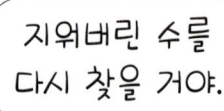

가로, 세로줄의 사각형 안의 수의 합을 삼각형 안에 써넣은 것을 가쿠로 퍼즐이라고 합니다. 아인이가 사각형 안에 1부터 6까지의 수를 한 번씩 넣어 만든 가쿠로 퍼즐의 수들을 꼬마 요괴가 지워버렸습니다. 요괴가 지운 수를 모두 찾아 다시 가쿠로 퍼즐을 완성해 봅시다.

지워버린 수를 다시 찾을 거야.

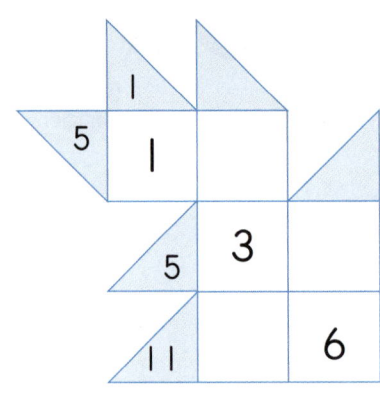

모르겠지? 내가 지워버렸지.

❶ 다음 식을 보고 가쿠로 퍼즐의 ②, ④, ⑤에 알맞은 수를 ☐ 안에 써넣으시오.

$$1 + \boxed{②} = 5 \quad \rightarrow \quad ② = \boxed{}$$

$$3 + \boxed{④} = 5 \quad \rightarrow \quad ④ = \boxed{}$$

$$\boxed{⑤} + 6 = 11 \quad \rightarrow \quad ⑤ = \boxed{}$$

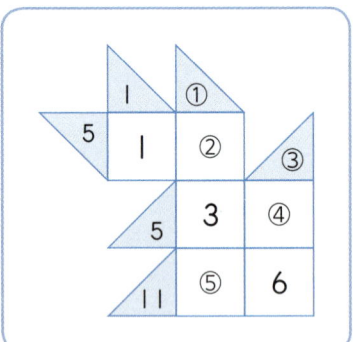

❷ ①, ③에 알맞은 수를 구하여 가쿠로 퍼즐을 완성하시오.

$$② + 3 + ⑤ = ① \quad \rightarrow \quad \boxed{} + 3 + \boxed{} = ① \quad \rightarrow \quad ① = \boxed{}$$

$$④ + 6 = ③ \quad \rightarrow \quad \boxed{} + 6 = ③ \quad \rightarrow \quad ③ = \boxed{}$$

[삼각형 안의 수]

1 삼각형 안에 알맞은 수를 써넣어 가쿠로 퍼즐을 완성하시오.

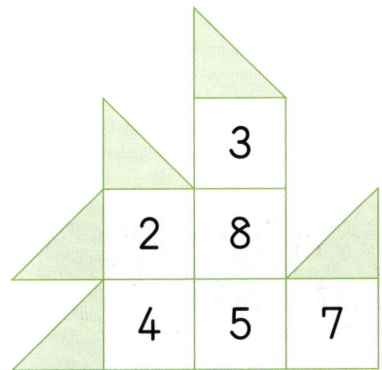

[5부터 9까지의 수]

2 5부터 9까지의 수를 한 번씩 사용하여 다음 가쿠로 퍼즐을 완성하시오.

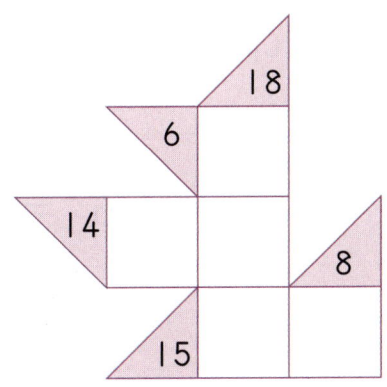

성냥개비 연산

디지털 숫자를 사용하여 덧셈식과 뺄셈식을 나타내는 전광판이 있습니다. 전광판에 등 하나가 나가서 식이 올바르지 않다고 합니다.

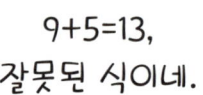

9+5=13,
잘못된 식이네.

전광판이 고장나서 그렇대.
숫자 하나를 고쳐서 식을
바르게 만들자.

숫자 하나를 바꾸어서 올바른 식을 만들려고 합니다. ☐ 안에 알맞은 수를 써넣으시오.

$9+5=13$ ➡

$\boxed{8} + 5 = 13$

$9 + \boxed{} = 13$

$9 + 5 = 1\boxed{}$

전광판의 등 하나를 고쳐 위의 식 중 하나를 만들려고 합니다. 고쳐야 하는 등에 색칠하시오.

고장난 전광판의 등 하나를 색칠하여 올바른 식을 만드시오.

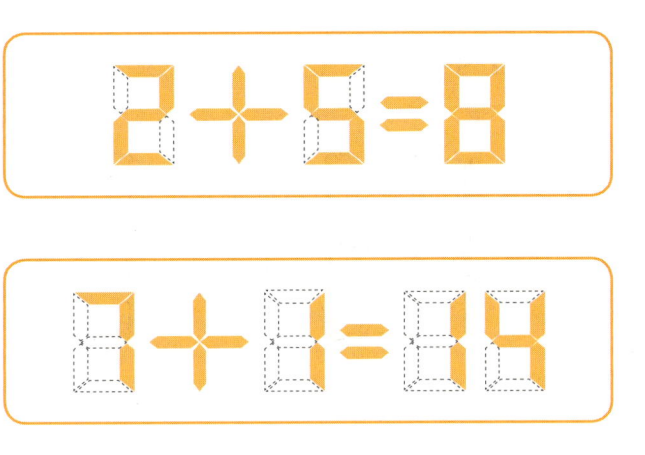

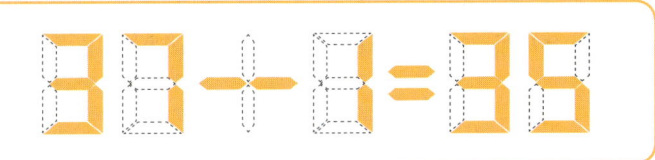

노크 포인트

디지털 숫자와 닮은 성냥개비로 만든 숫자에서 성냥개비 한 개를 더하거나 빼서 숫자를 바꿀 수 있습니다. 다음 표의 위의 숫자에 성냥개비 한 개를 더하면 아래 숫자를 만들 수 있고, 아래 숫자에서 성냥개비 한 개를 빼면 위의 숫자를 만들 수 있습니다.

0	1	3	5	6	9
8	7	9	6,9	8	8

1개 더하기 (왼쪽) 1개 빼기 (오른쪽)

더하거나 빼기

초이는 성냥개비를 사용하여 성냥개비 식을 만들었습니다. 그러나 성냥개비의 개수가 1개 부족하여 올바른 식을 만들지 못하였습니다. 초이가 만든 식이 다음과 같을 때, 초이가 처음 만들려고 했던 식을 구해 봅시다.

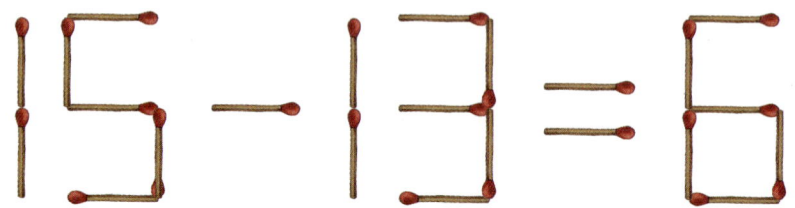

❶ 위의 식에서 숫자 하나를 고쳐 올바른 식으로 만들려고 합니다. 올바른 식이 되도록 ☐ 안에 알맞은 수를 써넣으시오. 수를 넣을 수 없는 경우 ✕표 합니다.

$$15 - 13 = 6 \quad \Rightarrow$$

$$1\,\boxed{} - 1\ 3 = 6$$

$$1\ 5 - 1\,\boxed{} = 6$$

$$1\ 5 - 1\ 3 = \boxed{}$$

❷ ❶의 식을 만들 수 있도록 5 또는 6에 성냥개비 하나를 더하여 ❶에서 고친 수로 바꿀 수 있는 경우 바꾸어 보시오.

잘 생각해 봐!

성냥개비 하나를 더하여 5는 9로, 6은 2로 바꿀 수 있을까?

❸ 처음 만들려고 했던 식을 쓰시오.

1 성냥개비 한 개를 빼서 올바른 식을 만들어 보시오.

①

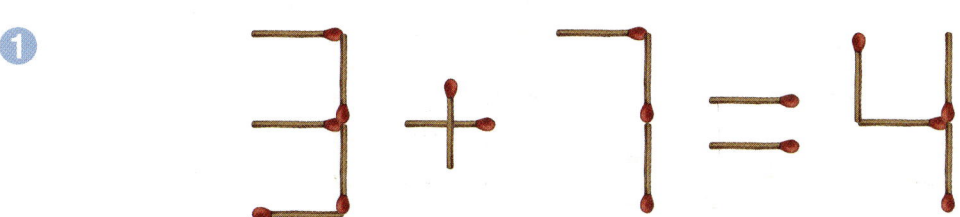

올바른 식

②

올바른 식

 # 옮겨라!

성냥개비로 만든 덧셈식이 있습니다. 꼬마 요괴가 성냥개비 하나를 옮겨서 계산이 틀리도록 만들었습니다. 요괴가 옮긴 성냥개비를 찾아 다시 올바른 식을 만드시오.

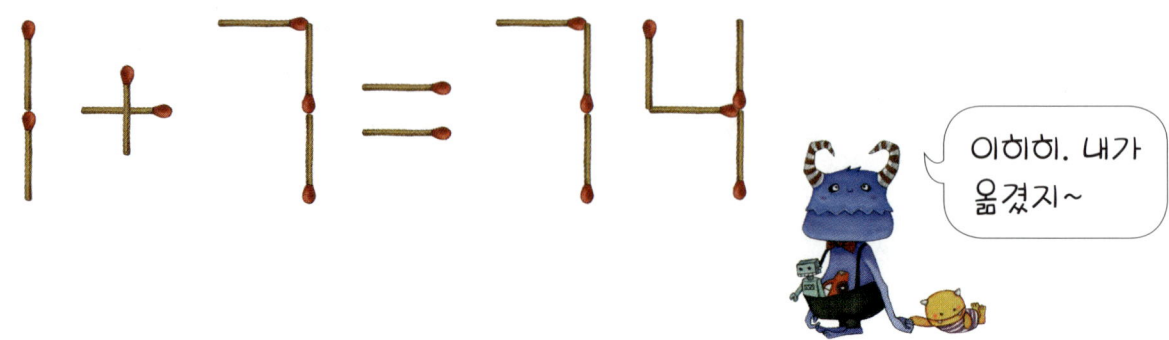

이히히. 내가 옮겼지~

❶ 위 식의 숫자 중에서 성냥개비 하나를 더하거나 빼서 다른 숫자를 만들 수 있는 숫자를 찾아 나타내시오.

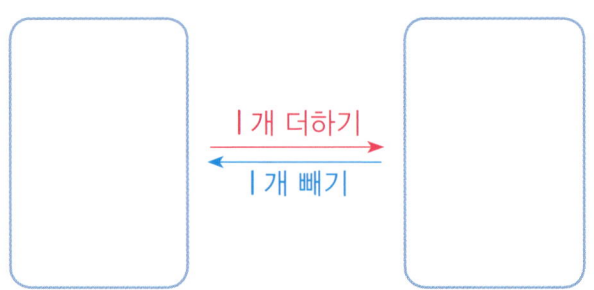

1개 더하기

1개 빼기

❷ ❶ 에서 찾은 두 숫자를 사용하여 올바른 식을 만드시오.

올바른 식

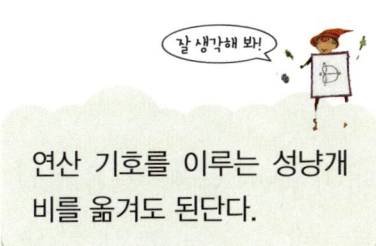

1 [성냥개비 옮기기]
성냥개비 한 개를 옮겨서 올바른 식을 만들어 보시오.

연산 기호를 이루는 성냥개비를 옮겨도 된단다.

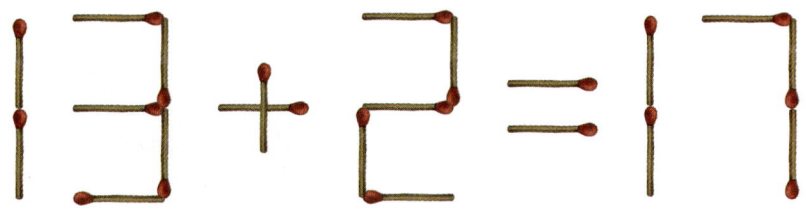

올바른 식

2 [성냥개비 크로스 퍼즐]
성냥개비 한 개를 옮겨서 선으로 이어진 두 수의 합이 🟠 안의 수가 되도록 만드시오.

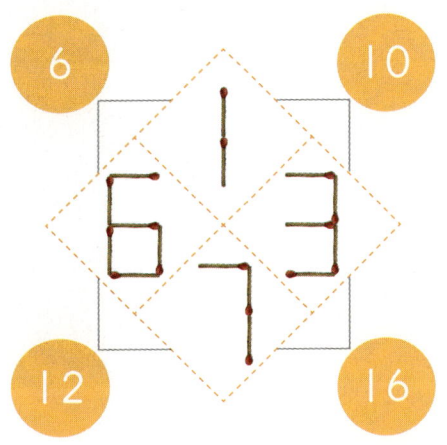

12 마방진

대마왕은 금화가 8개씩 들어 있는 상자 8개를 가지고 있습니다. 대마왕은 가로줄, 세로줄에 놓인 상자 3개 안의 금화가 모두 24개씩 되도록 다음과 같이 놓았습니다.

대마왕

딴짓 요괴는 대마왕 몰래 금화 몇 개를 가져오고 싶어합니다. 대마왕이 알지 못하려면 한 줄에 있는 세 상자 안의 금화의 수가 변해서는 안됩니다.

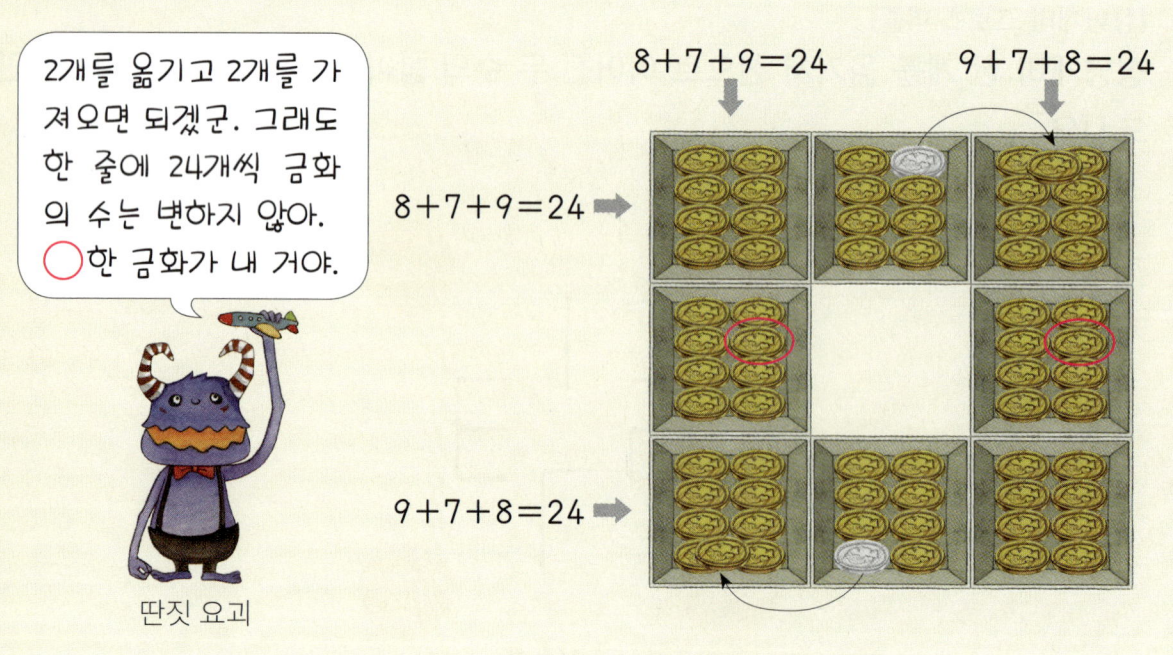

딴짓 요괴

가로줄, 세로줄에 놓인 세 상자 안의 금화의 수가 변하지 않게 금화를 가장 많이 가져오려고 합니다. 각 상자에 몇 개의 금화를 놓아야 하는지 아래의 상자 그림에 금화의 개수를 쓰고 가장 많이 가져올 수 있는 금화의 개수를 구하시오.

4000년 전 중국에서 발견된 거북이의 등에 새겨진 그림은 1부터 9까지의 수를 점으로 나타낸 것이었습니다. 점의 수를 가로, 세로, 대각선으로 더하여도 합이 항상 15로 같았고, 이것이 마방진의 유래가 되었습니다. 마방진은 가로, 세로, 대각선에 놓인 수들의 합이 모두 같도록 수를 배열한 것입니다.

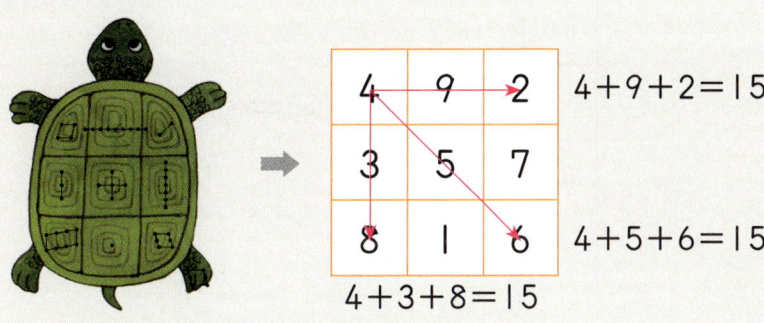

매직 크로스

대마왕의 성에 수가 적힌 벽에는 가로줄과 세로줄에 있는 세 수의 합이 같은 매직 크로스가 3개 더 숨겨져 있습니다. 매직 크로스를 모두 찾으시오.

2	1	4	5	2	1	6	1
6	1	2	1	3	5	2	3
2	5	3	6	4	3	4	2
1	4	3	2	5	2	1	5
4	3	5	2	3	7	3	5

매직 크로스를 모두 찾으면 이 성에서 나갈 수 있겠지.

❶ 다음과 같은 매직 크로스를 보고 ☐ 안에 알맞은 수를 써넣으시오.

	1	
2	5	3
	4	

$1 + 5 + 4 = 2 + 5 + 3$

$\rightarrow 5 + \boxed{} = 5 + \boxed{}$

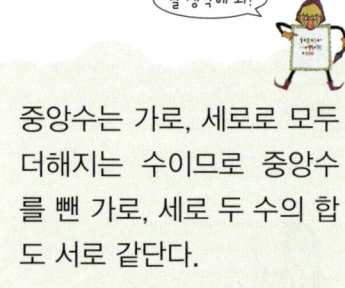

잘 생각해 봐!

중앙수는 가로, 세로로 모두 더해지는 수이므로 중앙수를 뺀 가로, 세로 두 수의 합도 서로 같단다.

❷ ㉠과 ㉡의 합, ㉢과 ㉣의 합이 서로 같은 매직 크로스를 모두 찾으시오.

	㉠	
㉢		㉣
	㉡	

$㉠ + ㉡ = ㉢ + ㉣$

[숫자 카드 매직 크로스]

1 빈 곳에 숫자 카드의 수를 한 번씩 넣어 세 수의 합이 11인 매직 크로스를 만드시오.

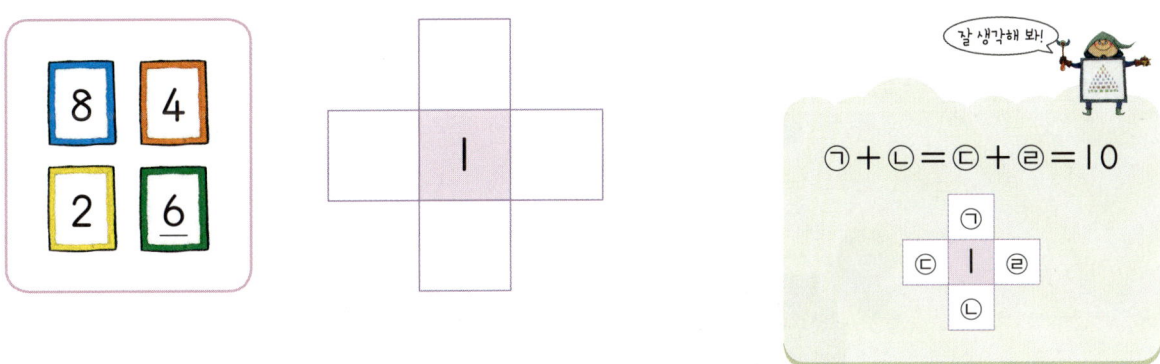

[같은 수, 다른 합]

2 1, 3, 5, 7, 9를 한 번씩 모두 사용하여 합이 모두 다른 매직 크로스 3개를 만들어 보시오.

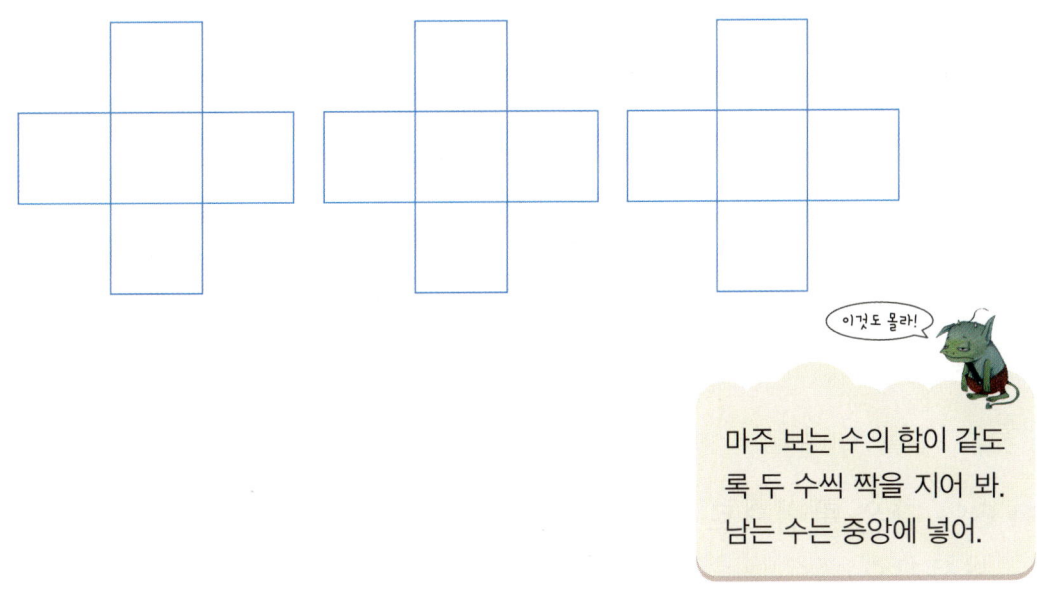

마주 보는 수의 합이 같도록 두 수씩 짝을 지어 봐. 남는 수는 중앙에 넣어.

마법의 트라이앵글

지오는 마법의 트라이앵글 안에 숨겨진 수학 동화책을 찾으려고 합니다. 한 줄에 있는 세 수의 합이 모두 10이 되도록 구슬을 놓으면 트라이앵글이 열립니다. 빈 구슬에 알맞은 수를 써넣으시오.

❶ 구슬 ㉠, ㉡, ㉢ 중 수를 구할 수 있는 순서대로 기호를 쓰시오.

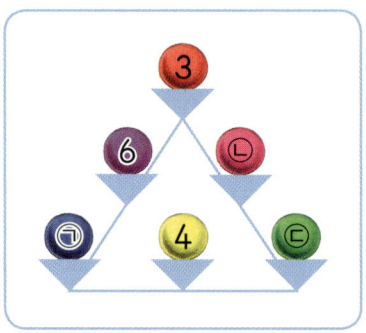

❷ 다음 식을 이용하여 구슬 ㉠에 알맞은 수를 구하시오.

$$3 + 6 + ㉠ = 10 \rightarrow ㉠ = \boxed{}$$

❸ ❷와 같은 방법으로 구슬 ㉡, ㉢에 알맞은 수를 구하여 마법의 트라이앵글을 완성하시오.

1 한 줄에 놓인 세 수의 합이 서로 같도록 빈 곳에 알맞은 수를 써넣으시오.

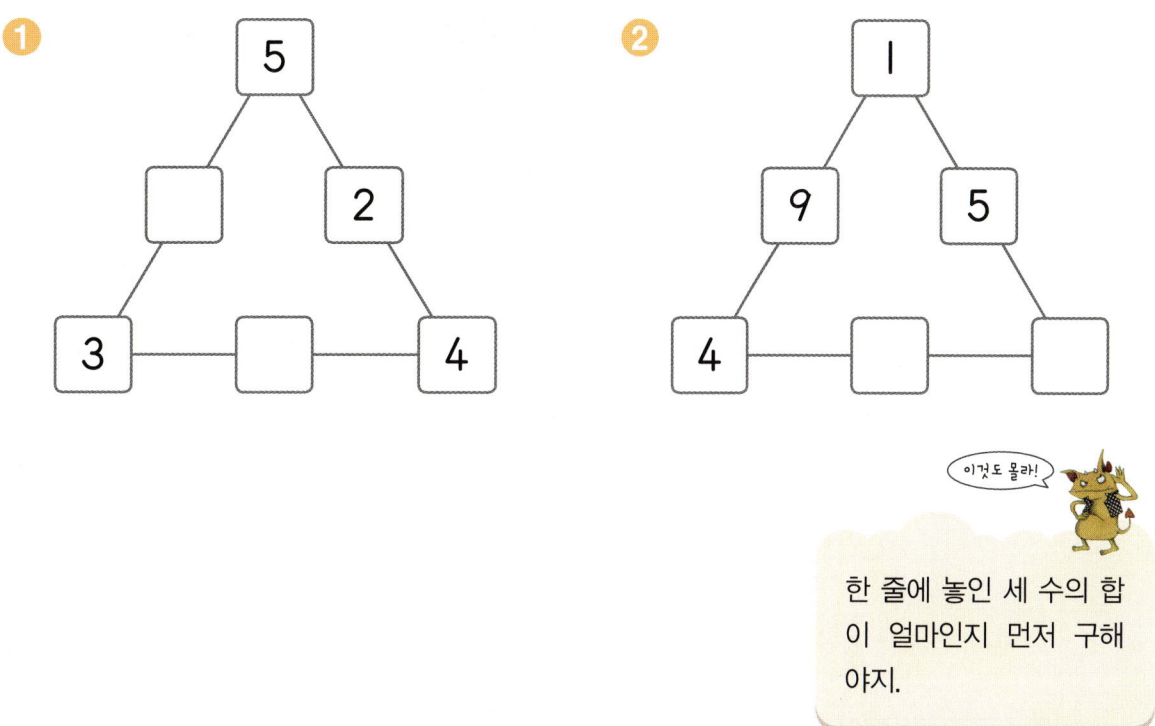

❶

❷

이것도 몰라!

한 줄에 놓인 세 수의 합이 얼마인지 먼저 구해야지.

[1부터 6까지]

2 1부터 6까지의 수를 한 번씩 사용하여 한 줄에 놓인 세 수의 합이 서로 같도록 만드시오.

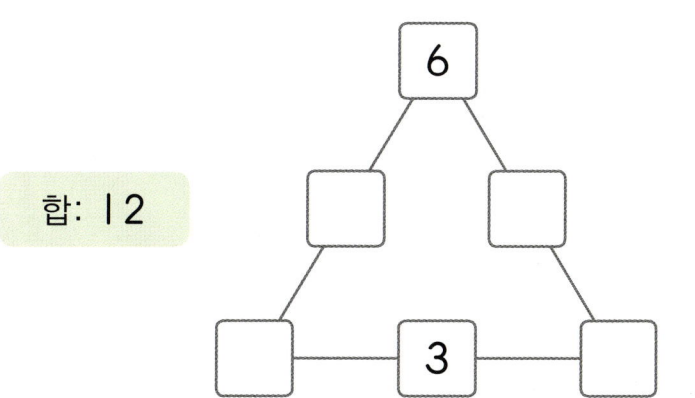

합: 12

잘 생각해 봐!

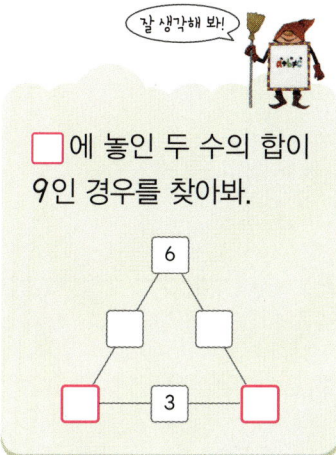

□ 에 놓인 두 수의 합이 9인 경우를 찾아봐.

창의적 문제해결력

1 다음은 계산 결과가 맞지 않는 성냥개비 식입니다. 조건에 맞게 성냥개비를 더하거나 움직여서 올바른 식을 만드시오.

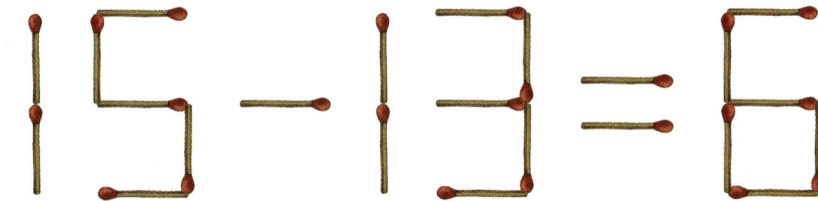

한 개 더하기

두 개 옮기기

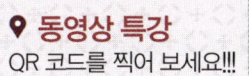 
2 왼쪽 세로줄에서 시작하여 계산 결과가 카드의 순서와 같은 식이 있는 방을 차례로 지나 미로를 통과하시오.

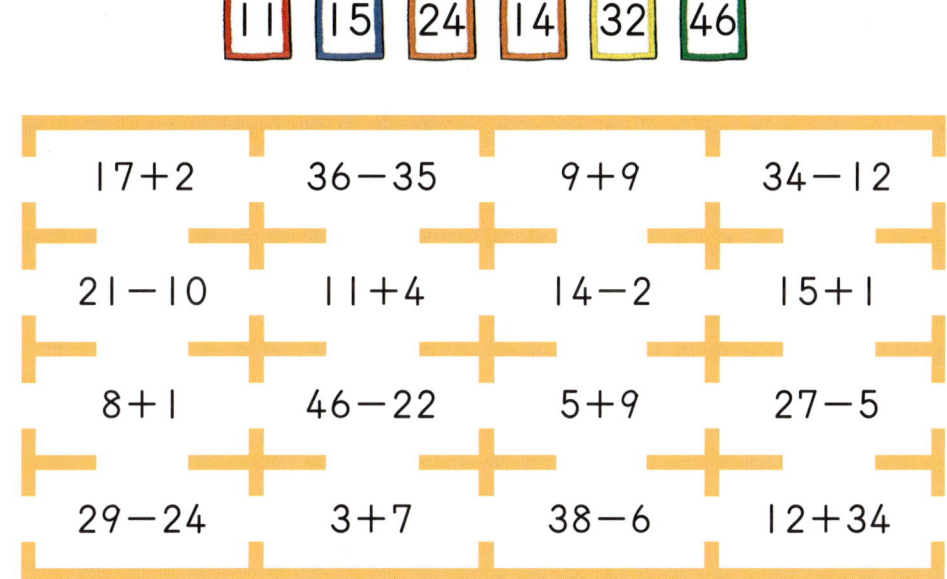

| 11 | 15 | 24 | 14 | 32 | 46 |

$17+2$	$36-35$	$9+9$	$34-12$
$21-10$	$11+4$	$14-2$	$15+1$
$8+1$	$46-22$	$5+9$	$27-5$
$29-24$	$3+7$	$38-6$	$12+34$

3 9칸짜리 표 안에 1부터 9까지의 수를 다음과 같이 써넣었습니다. 두 수의 위치를 서로 바꾸어 가로, 세로, 대각선에 있는 수의 합이 모두 15가 되도록 만들려고 합니다. 바꾸어야 하는 두 수에 모두 ○표 하시오.

4	7	2
1	5	9
8	3	6

MEMO

정답및 해설

연산

A5
(8~9세)

누구나 쉽고 재미있게
사고력
수학

누구나 쉽고 재미있게

사고력
수학

노크

MEMO

정답 및 해설

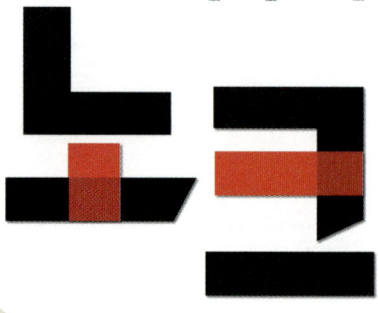

누구나
쉽고 재미있게

사고력 수학

노크

A5
(8~9세)

연산

여러 가지 연산

1 가르고 모으기

수가 적힌 벽돌을 이용하여 수 피라미드를 만듭니다.

아래 두 수의 합이 위의 수가 되도록 수 피라미드를 만들라.

맨 아래층에는 1, 2, 3 벽돌을 하나씩 놓아야 해.

멍하니 요괴와 피타고라스 요정이 맨 아래층에 벽돌을 3개씩 쌓았습니다.

멍하니 요괴   피타고라스 요정

| 2 | 1 | 3 | | 1 | 3 | 2 |

꼭대기 층에 놓인 벽돌의 수가 크면 마법 선물을 받게 됩니다. 수 피라미드를 완성하고 누가 마법 선물을 받게 되는지 쓰시오. **피타고라스 요정**

멍하니 요괴의 수 피라미드

피타고라스 요정의 수 피라미드

🔵 보기 와 같은 규칙으로 수 계단을 만들었습니다. 빈 곳에 알맞은 수를 써넣으시오.

보기

🔵 아인이는 수 카드를 사용하여 수 피라미드를 만들었습니다. 뒤집어진 카드에 알맞은 수를 쓰시오.

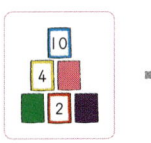   ➡

🧙 토크 포인트

10을 가르기 하는 방법은 여러 가지가 있습니다.

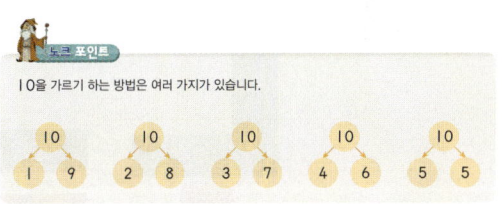

가르기 퍼즐

아인이가 대마왕의 소굴에 갇혀 있습니다. 아인이가 이 곳에서 나가기 위해서는 가르기 퍼즐을 완성해야 합니다. (단, ◯ 안의 수는 모두 다릅니다.)

10을 가르기 한 수부터 생각해야지.

퍼즐을 완성하지 못하면 여기에서 나갈 수 없어.

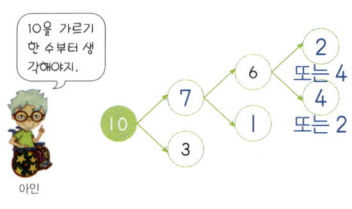

아인   대마왕

❶ 가르기 하여 왼쪽 ◯부터 채워 보시오.

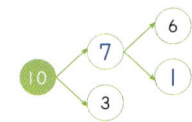

❷ 6을 여러 가지 방법을 갈라 보시오.

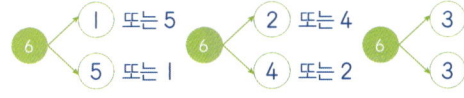

❸ ◯ 안의 수가 모두 다릅니다. 가르기 퍼즐을 완성하시오.

[요괴가 가리고 있는 수]

1 가르기 퍼즐의 수 몇 개를 요괴들이 가리고 있습니다. 각 요괴가 가리고 있는 수를 ☐ 안에 써넣으시오.

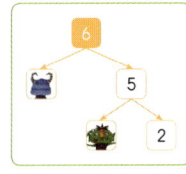

[필요한 구슬]

2 태경이는 수 구슬을 사용하여 가르기 퍼즐을 완성하려고 합니다. 다음 중 필요한 구슬에 모두 ◯표 하시오.

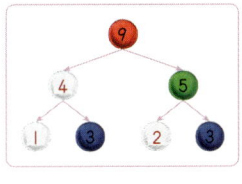

위에서부터 차례로 가르기하면 되는데…… 모르겠지?

목표수

□ 안에 1, 2, 3, 4 중 세 수를 한 번씩 써넣어 두 가지 수 피라미드를 완성하여 봅시다.

❶ 다음 수 피라미드의 □ 안에 알맞은 수를 써넣으시오.

❷ 다음 수 피라미드의 맨 아래층 □ 안에 들어가는 수를 두 가지 방법으로 구하시오.

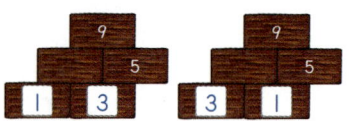 

맨 아래층에는 1, 2, 3, 4 중 세 수를 한 번씩만 넣을 수 있어.

수를 한 번씩만 넣을 수 있으므로 2, 2는 될 수 없습니다.

❸ 나머지 □ 안의 수를 찾아 수 피라미드를 완성하시오.

[숫자 카드의 위치]
1 주어진 숫자 카드를 수 피라미드의 1층에 놓아 수 피라미드를 만듭니다. 수 피라미드의 3층에 가능한 작은 수가 오도록 하려면 어느 숫자 카드를 ㉠에 놓아야 합니까? **2**

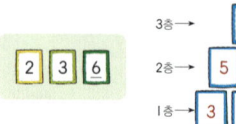 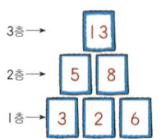

㉠은 모으기를 두 번 하는 곳이란다. 3층에 작은 수가 오려면 ㉠에 큰 수가 와야 할까? 작은 수가 와야 할까?

[10 모으기]
2 다음 중 4개의 수를 사용하여 수 피라미드를 완성하시오.

| 1 | 2 | 3 | 4 | 5 | 6 | 7 | 8 | 9 |

네 수를 사용하라는 건 같은 수를 두 번 사용하지 말라는 거지.

---

2 재미있는 연산

수학 요정들이 짝짓기 게임을 하고 있습니다. 카드에 쓰인 수의 합이 대마법사 멀린이 말한 수가 되도록 요정끼리 짝을 짓는 게임입니다.

두 수의 합이 10이 되는 수학 요정끼리 선으로 이으시오.

이 게임에서 짝을 짓지 못한 요정이 짝을 지을 수 있는 수를 다음 카드 안에 쓰시오.

7

○ 두 수의 합이 ▨ 안의 수가 되도록 선을 이으시오.

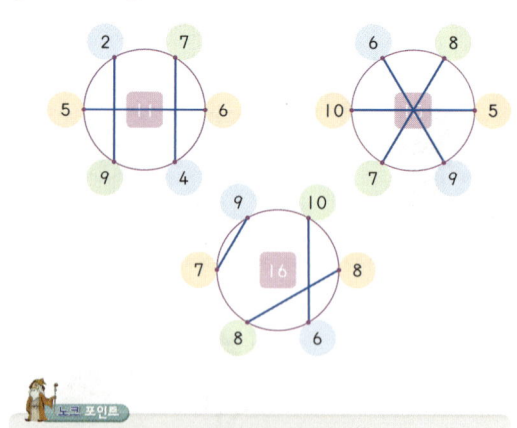

도전 포인트

주어진 합과 차를 만족하는 두 수를 선으로 이어서 나타낼 수 있습니다.

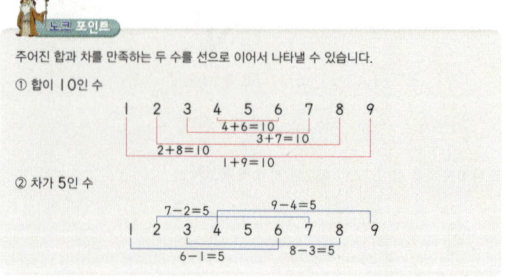

🔺 트라이앵글

선으로 이어진 세 수의 합이 ■ 안의 수가 되도록 △ 모양으로 이어 봅시다.

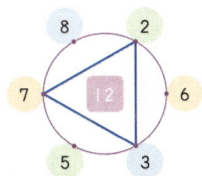

❶ 다음과 같이 세 수를 이었습니다. ■ 안에 세 수의 합을 쓰시오.

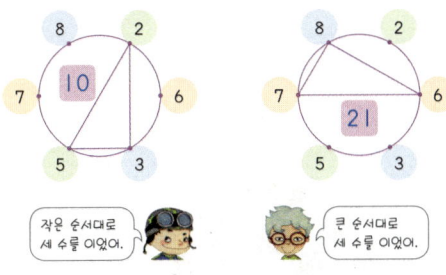

작은 숭서대로 세 수를 이었어.

큰 숭서대로 세 수를 이었어.

❷ 합이 12인 세 수를 찾아 △ 모양을 완성하시오.

태경이가 만든 모양을 조금 고치면 되겠어.

[구술 잇기]
1 구슬에 쓰인 두 수의 차가 모두 같도록 구슬을 2개씩 모두 이으시오.

❶ 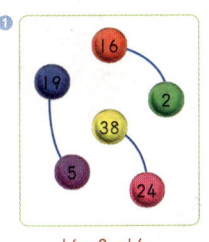 ❷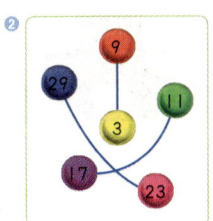

16−2=14
19−5=14
38−24=14

9−3=6
29−23=6
17−11=6

[수 트라이앵글]
2 지오는 수 하나가 지워진 트라이앵글 퍼즐 앞에 있습니다. 이어진 세 수의 합이 20이 되도록 □ 안에 알맞은 수를 써넣으시오.

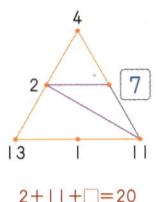 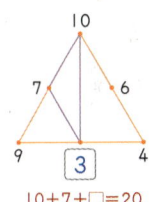

알아냈어! 어렵지 않네.

2+11+□=20
□=7

10+7+□=20
□=3

🐝 벌집 수 묶기

런닝맨 게임에 참가한 태경이는 다음과 같은 미션을 받았습니다. 미션에 맞게 수를 묶어 봅시다.

MISSION
이웃한 수의 합이 16이 되도록 두 수 또는 세 수씩 모두 묶기!

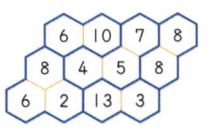

❶ 이웃한 두 수의 합이 16인 경우를 모두 찾아 묶으시오.

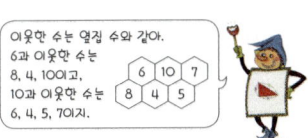

이웃한 수는 옆집 수와 같아.
6과 이웃한 수는 8, 4, 10이고, 10과 이웃한 수는 6, 4, 5, 7이지.

모으기 하여 16이 되는 경우가 3가지 있는데 못 찾겠지?

6, 10 / 8, 8 / 13, 3

❷ 나머지 수를 합이 16이 되도록 세 수씩 묶으시오.

[시계 나누기]
1 합이 모두 같도록 시계의 수를 여섯 부분으로 묶으시오.

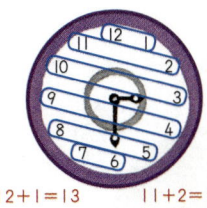

가장 큰 수와 가장 작은 수를 묶으면 얼마가 되는?

12+1=13   11+2=13
10+3=13   9+4=13
8+5=13   7+6=13

[합이 같은 세 수]
2 수의 합이 ● 안의 수가 되도록 이웃한 세 수씩 묶어 보시오.

❶
5	3	2
1	4	3
2	1	6

9

❷
2	3	5
8	4	3
1	5	2

11

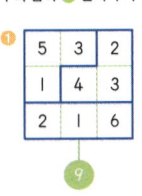

3 매트릭스 연산

어느 가게에 다음과 같이 채소들이 진열되어 있습니다. 태경, 지오, 초이, 아인이는 가게 앞을 지나가다가 가로, 세로 한 줄에 채소들이 몇 개씩 있는지 알아보기로 하였습니다.

옥수수 3개랑 당근 5개니까 이 세로줄에는 채소가 모두 8개야.

이 세로줄에는 채소가 모두 10개야.

지오와 태경이는 각각 몇 개씩이라고 하였을지 □ 안에 알맞은 수를 써넣으시오.

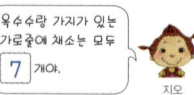
옥수수랑 가지가 있는 가로줄에 채소는 모두 **7** 개야.

당근이랑 오이가 있는 가로줄에는 채소가 모두 **11** 개야.

① 가로줄과 세로줄에 있는 두 수의 합을 □ 안에 써넣으시오.

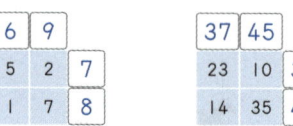

6	9	
5	2	7
1	7	8

37	45	
23	10	33
14	35	49

② 보기 와 같이 매트릭스 안의 수를 지워 가로줄, 세로줄의 합이 □ 안의 수가 되도록 만드시오.

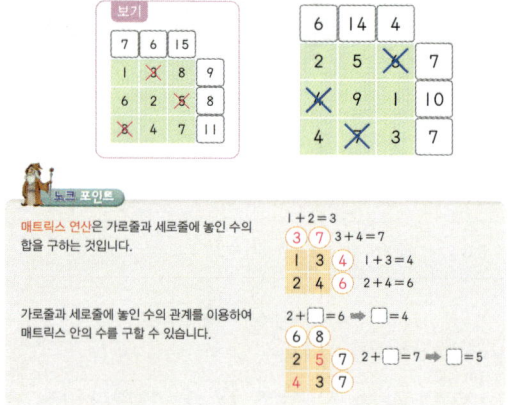

보기

7	6	15
1	3	9
6	2	8
6	4	11

6	14	4
2	5	7
9	1	10
4	3	7

뉴크 포인트

매트릭스 연산은 가로줄과 세로줄에 놓인 수의 합을 구하는 것입니다.

1+2=3
3 7   3+4=7
1 3 4   1+3=4
2 4 6   2+4=6

가로줄과 세로줄에 놓인 수의 관계를 이용하여 매트릭스 안의 수를 구할 수 있습니다.

2+□=6 ➡ □=4
6 8
2 5 7   2+□=7 ➡ □=5
4 3 7

문을 열어라!

대마왕 성의 성문을 둘러싸고 있는 연산 퍼즐을 완성해야만 성문이 열립니다. 성문을 둘러싼 퍼즐의 빈칸에 알맞은 수를 알아봅시다.

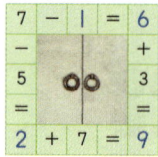

7	−	1	=	6
−				+
5				3
=				=
2	+	7	=	9

아무도 나갈 수 없어!

❶ 퍼즐의 빈칸을 다음과 같이 ①, ②, ③, ④라고 할 때, 수를 구하는 순서대로 번호를 쓰시오. **③, ④, ②, ①**

7	−	①	=	②
−				+
5				3
=				=
③	+	7	=	④

다른 덧셈식이나 뺄셈식을 완성하지 않아도 수를 알 수 있는 식부터 찾아야 해.

❷ ❶에서 알아본 순서에 따라 퍼즐을 완성하시오.

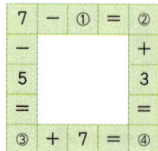
큐브를 맞추듯 식을 하나씩 완성하면 돼.

[돌아돌아 퍼즐]

1 보기 와 같이 도미노 •의 개수의 합과 차를 사용하여 돌아돌아 퍼즐을 만들었습니다. 빈 곳에 알맞게 •을 그리시오.

가로줄은 도미노 하나의 합, 세로줄은 도미노 하나의 차!

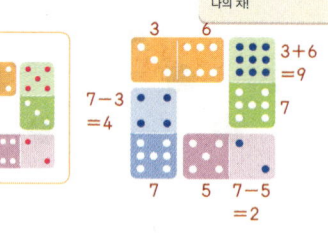

보기

7−3 =4

3+6 =9

7−5 =2

[둥글게 둥글게]

2 다음은 숫자 구슬을 계산에 맞게 둥글게 놓은 것입니다. 빈 곳에 알맞은 수를 써넣으시오.

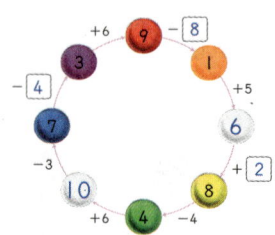

+6 9 −8
3   1
−4   +5
7   6
−3   +2
10   8
+6 4 −4

정답 및 해설 **5**

🐿️ 도토리 모으기

세 마리 다람쥐가 사다리를 타고 내려가며 모은 도토리를 가방에 넣습니다. 다람쥐들이 처음 가지고 있던 도토리의 개수가 다음과 같을 때, 각 가방에 모이는 도토리의 개수를 알아봅시다.

도토리 4개 · 난 5개 · 7개

여기 도토리는 다람쥐가 가져가도 그 개수만큼 또 생겨

❶ 빨간 모자 다람쥐가 사다리를 타고 내려오면 몇 번 가방에 도토리를 넣습니까? ③

다람쥐가 사다리를 타고 내려가는 길을 찾아보렴.

❷ 빨간 모자 다람쥐가 사다리를 따라 내려가면서 모은 도토리의 개수를 알아보려고 합니다. □ 안에 알맞은 수를 써넣으시오.

$4 \xrightarrow{+2} 6 \xrightarrow{+5} 11$

❸ ❷와 같은 방법으로 각 가방에 모이는 도토리의 개수를 구하시오.

가방 ①: 18 개   가방 ②: 17 개   가방 ③: 11 개

가방 ① 5+1+5+7=18(개)
가방 ② 7+1+2+7=17(개)

[정답 찾기]

1 태경이는 ㉮와 ㉯ 중 한 가지 길을 따라 걷기 시작하며 옷에 적힌 수에 연산식을 계산합니다. 길을 걷다 갈림길이 나오면 반드시 방향을 바꾸어 걸어야 합니다. ㉮와 ㉯ 중 어느 길에서 시작해야 정답이 나옵니까? **㉯**

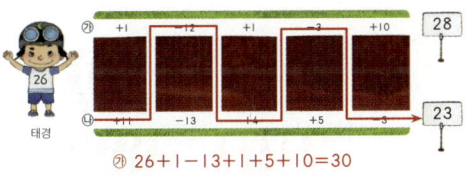

㉮ 26+1−13+1+5+10=30
㉯ 26+11−12+4−3−3=23

[카드의 수]

2 수학 요정들이 사다리타기를 하면서 덧셈, 뺄셈을 합니다. 빈 카드에 알맞은 계산 결과를 써넣으시오.

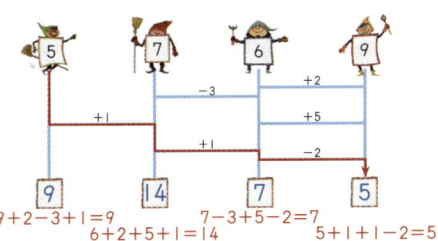

9   14   7   5

9+2−3+1=9   7−3+5−2=7
6+2+5+1=14   5+1+1−2=5

👩 창의적 문제해결력

1 장난 요정가 모으기 구슬 퍼즐에서 공 2개를 서로 바꾸었습니다. 요정이 바꾼 구슬을 모두 찾아 ○표 하시오.

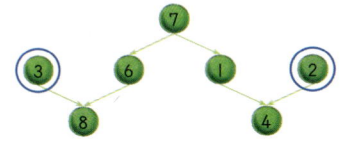

내가 바꾼 구슬 2개를 찾아봐.

2 다음과 같은 6장의 카드가 있습니다. 초이와 지오는 카드에 쓰인 수의 합이 같도록 카드를 3장씩 나누어 갖기로 하였습니다. 초이가 5 카드를 가진다고 할 때, 지오가 가지게 되는 카드 3장에 모두 ○표 하시오.

5   1   8   7   3   6

5 는 내 카드야.
초이

나는 어떤 카드를 갖지?
지오

5+1+8+7+3+6=30이므로
초이와 지오는 수의 합이 15가 되도록 카드를 나누어 가져야 합니다.

초이: 5, 7, 3   지오: 1, 8, 6

📍 동영상 특강
QR 코드를 찍어 보세요!

3 태경이는 주어진 숫자 구슬을 가로, 세로로 2개씩 놓고 각 줄의 합을 구하였습니다. 그런데 한입 요정가 구슬을 모두 먹어버렸습니다. 각 구슬을 올바른 자리에 놓으시오.

4   2   9   7

6   16
4   9   13
2   9

내가 구슬을 먹어 버렸지.

6	16
㉠	㉡	13
㉢	㉣	9

㉡+㉣=16이므로
㉡, ㉣의 자리에 7, 9가 놓입니다.
㉢+㉣=9이므로 ㉣은 9보다 작습니다.
따라서 ㉣=7입니다.

4 꼬마 요정들이 수들을 가리고 있습니다. 같은 수는 같은 꼬마 요정이 가리고 있다고 할 때, 각 요정이 가리고 있는 수를 구하시오.

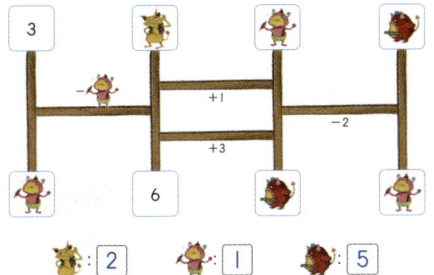

3   +1   −2   +3   6

🐗 : 2   🐗 : 1   🐗 : 5

🐗 −2+3=6 → 🐗 =5
🐗 +1−🐗 = 🐗 → 🐗 =1
🐗 +1−2=🐗 → 🐗 =2

수와 식 만들기

④ 식 완성하기

태경, 지오, 초이가 카드를 5장씩 가지고 있습니다.

```
태경    7 = 9 1 +
초이    = 4 1 0 + 6
지오    3 - 8 5 =
```

카드를 모두 사용해서 올바른 식을 만들어야 해.

올바른 식을 만들 수 있는 카드를 가진 사람을 모두 쓰시오. 초이, 지오

초이와 지오가 만들 수 있는 올바른 식을 쓰시오.

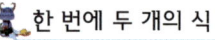

초이	지오
4+6=10	8-3=5
또는 6+4=10	또는 8-5=3

주머니에 들어 있는 구슬로는 올바른 식을 만들 수 없습니다. 주머니 안의 구슬 하나를 밖의 구슬과 바꾸어 올바른 식을 만드시오.

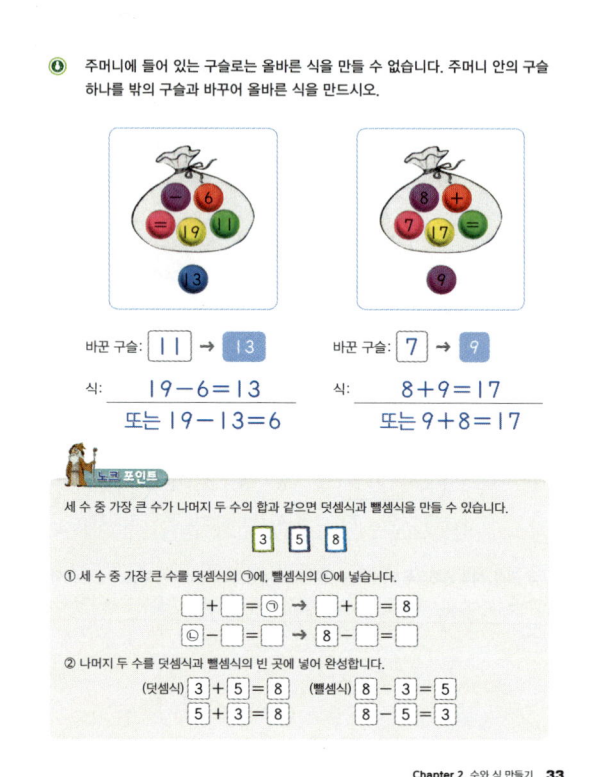

바꾼 구슬: 11 → 13

식: 19−6=13
또는 19−13=6

바꾼 구슬: 7 → 9

식: 8+9=17
또는 9+8=17

🎩 **뽀꾸 포인트**

세 수 중 가장 큰 수가 나머지 두 수의 합과 같으면 덧셈식과 뺄셈식을 만들 수 있습니다.

```
3  5  8
```

① 세 수 중 가장 큰 수를 덧셈식의 ㉠에, 뺄셈식의 ㉡에 넣습니다.

☐ + ☐ = ㉠ → ☐ + ☐ = 8
㉡ − ☐ = ☐ → 8 − ☐ = ☐

② 나머지 두 수를 덧셈식과 뺄셈식의 빈 곳에 넣어 완성합니다.

(덧셈식) 3 + 5 = 8   (뺄셈식) 8 − 3 = 5
         5 + 3 = 8   8 − 5 = 3

🐛 한 번에 두 개의 식

주어진 숫자 카드를 한 번씩 모두 사용하여 두 개의 덧셈식을 완성하여 봅시다.

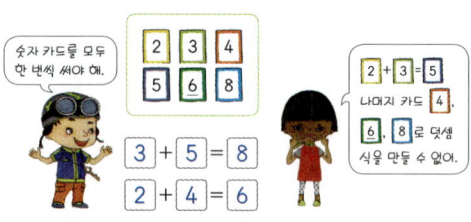

숫자 카드를 모두 한 번씩 써야 해.

```
2  3  4
5  6  8
```

2+3=5 나머지 카드 4, 6, 8로 덧셈식을 만들 수 없어.

3 + 5 = 8
2 + 4 = 6

❶ 주어진 카드 중 8 은 가장 큰 수이므로 어떤 두 수의 합입니다. 주어진 숫자 카드로 합이 8이 되는 덧셈식을 완성하시오.

① 2 + 6 = 8
② 3 + 5 = 8

❷ ❶에서 ① 식을 완성하고 남은 숫자 카드의 수는 무엇입니까? 남은 카드를 사용하여 올바른 덧셈식을 만들 수 있습니까? 3, 4, 5 아니요.

❸ ❶에서 ② 식을 완성하고 남은 숫자 카드의 수는 무엇입니까? 남은 카드를 사용하여 올바른 덧셈식을 만들 수 있습니까? 2, 4, 6 네.

❹ 올바른 두 개의 식을 완성하시오.

[같은 식 만들기]

1 주어진 카드 중 2장을 사용하여 요정이 만든 식과 계산 결과가 같은 식을 만드시오.

❶ 3 + 9

```
15  11  3  4
```

15 − 3

❷ 16 − 3

```
6  12  7  8
```

6 + 7
또는 7 + 6

[덧셈식, 뺄셈식]

2 원판 안의 수를 한 번씩 모두 사용하여 덧셈식과 뺄셈식을 하나씩 만드시오.

가장 큰 수를 어디에 놓아야 하는지 아니?

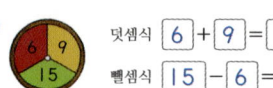

❶ 덧셈식 6 + 9 = 15 또는 9+6=15

뺄셈식 15 − 6 = 9 또는 15−9=6

❷ 덧셈식 24 + 4 = 28 또는 4+24=28

뺄셈식 28 − 4 = 24 또는 28−24=4

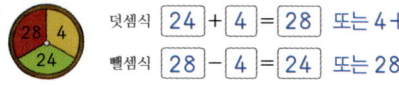

🐗 숨겨진 식 찾기

멍하니 요괴가 숫자들 사이에 가로, 세로 방향으로 덧셈식이 되는 세 수를 숨겨 놓았습니다.

난 하나 밖에 못 찾겠어. 어딨는지 모르겠어.

울보 요괴가 찾은 것을 포함해서 6개를 숨겨놓았어.

울보 요괴　　멍하니 요괴

울보 요괴가 찾은 것

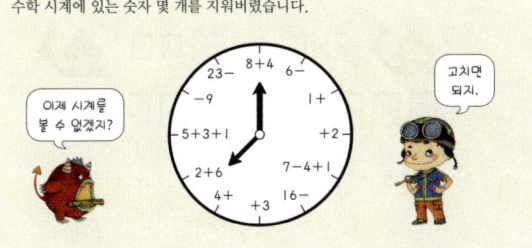

2	7	2	7	5	3+6=9	7
2	9	6+2=8	4	8	2	9	5
4	6	4	9	2	5+2=7	1	5
8	4+1=5	2	5	2	2	6
1	3	9	7	1	1	6	2	3

가로 방향, 세로 방향으로 이웃한 세 수씩 보면서 찾아봅시다. 모두 찾아 ◯로 묶어 보시오.

[이웃한 세 수]

1 숫자 구슬 9개가 있습니다. 가로, 세로로 뺄셈식을 만들 수 있는 이웃한 세 수를 찾아 구슬을 묶어 보시오.

8	5	9
1		7
6	3	2

$9-7=2$

이웃한 세 수란 ⑨, ⑤, ⑨ 와 같이 가로 또는 세로로 붙어 있는 수를 말해. ⑤, ①, ⑨은 이웃한 세 수가 아니야.

[덧셈식 만들기]

2 덧셈식이 되는 세 수를 ⌐ 또는 ∟ 모양으로 묶고, 다음 식을 완성하시오.

6	7	2	9
12	18	10	13
1	4	7	20
12	6	5	27

[식 ①]
$$6 + 12 = 18$$
또는 $12 + 6 = 18$

[식 ②]
$$7 + 20 = 27$$
또는 $20 + 7 = 27$

---

⑤ 목표수 만들기

태경이는 대마법사 멀린에게 수학 시계를 선물 받았습니다. 어느 날 꼬마 요괴가 수학 시계에 있는 숫자 몇 개를 지워버렸습니다.

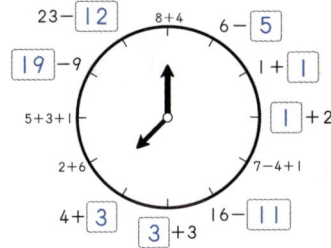

이제 시계를 볼 수 있겠지?

고치면 되지.

시계의 각 눈금이 1부터 12까지를 나타내도록 요괴가 지워버린 숫자를 찾아 □ 안에 써넣으시오.

$23 - \boxed{12}$　$8+4$　$6 - \boxed{5}$

$\boxed{19} - 9$　$1 + \boxed{1}$

$5+3+1$　$\boxed{1} + 2$

$2+6$　$7-4+1$

$4 + \boxed{3}$　$\boxed{3} + 3$　$16 - \boxed{11}$

🔵 다음 조건에 맞는 수학 시계를 만드시오.

조건
① 1, 2, 4, 8을 사용합니다.
② +, -는 여러 번 사용할 수 있으나 같은 숫자는 여러 번 사용할 수 없습니다.

예

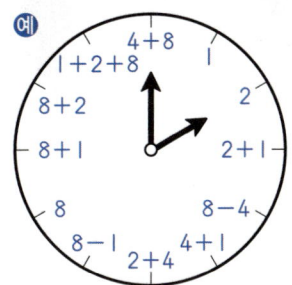

$4+8$
$1+2+8$　1
$8+2$　2
$8+1$　$2+1$
8　$8-4$
$8-1$　$4+1$
$2+4$

여러 가지 답이 있습니다.

🧙 노트 포인트

숫자 1, 3, 9와 연산 기호 +, -를 사용하여 여러 가지 수를 만들 수 있습니다.

1	1	5	9-1-3	9	9
2	3-1	6	9-3	10	1+9
3	3	7	9-3+1	11	3+9-1
4	1+3	8	9-1	12	3+9

🐾 수 만들기

볼링 목표수 게임은 볼링공에 있는 수와 ＋, ― 를 사용하여 볼링핀의 번호를 만드는 게임입니다. 볼링공이 다음과 같을 때 만들 수 없는 볼링핀의 수를 알아봅시다.

볼링 게임 재미있겠다.

② , ⑤ 는 5-2=3
5+2=7이니까
⑨ 을 쓰러뜨릴 수 있어.

❶ ②, ⑤, ⑦과 ＋, ― 를 사용하여 1부터 10까지의 수 중 만들 수 있는 수를 모두 쓰시오.

1		6	
2	2	7	7
3	5-2	8	
4	7+2-5	9	7+2
5	5	10	7-2+5

볼링공에 2, 5, 7이 쓰여 있으니 2, 5, 7 은 쓰러뜨릴 수 있어.

❷ 만들 수 없는 수는 모두 몇 개입니까? **3개**

[수 만들기]

1 숫자 카드와 ＋, ― 카드가 있습니다. 숫자 카드 1장을 사용하여 한 자리 수를 만들 수도 있고, 2장을 붙여서 두 자리 수를 만들 수도 있습니다. 주어진 카드를 사용하여 □ 안의 수를 만들어 보시오.

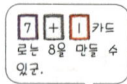

7 ＋ 1 카드 로는 8을 만들 수 있구.

4	3+1
5	7-3+1
6	7-1
9	3+7-1
14	17-3
20	13+7
24	31-7
36	37-1
38	31+7

이건 비밀인데 1, 3 을 사용해서 13, 31을 만들 수 있지. 아무도 모르는 비밀이야.

🐾 이웃한 수의 합

6개의 주사위를 던져 나온 수가 앞으로 오도록 하여 한 줄로 나란히 놓았습니다. 이웃한 수끼리 더하여 5부터 16까지의 수를 만들려고 할 때, 만들 수 없는 수를 알아봅시다.

1 2 3 3 3 4

이웃한 수끼리 더해야 하니까 떨어져 있는 수를 더하면 안 돼.

왼쪽 세 주사위의 수를 더하면 1+2+3=6이야.

❶ 이웃한 수를 더하여 5부터 16까지의 수를 만들어 보시오.

5	2+3	11	2+3+3+3
6	1+2+3	12	1+2+3+3+3
7	3+4	13	3+3+3+4
8	2+3+3	14	
9	3+3+3	15	2+3+3+3+4
10	3+3+4	16	1+2+3+3+3+4

2+3 3+3+4

❷ 만들 수 없는 수는 무엇입니까? **14**

[합이 같은 세 수]

1 시계의 이웃한 세 수의 합이 24인 경우를 모두 찾아 ◯로 묶어 보시오.

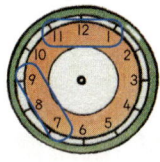

[이웃한 수]

2 도미노를 다음과 같이 이어 붙여 놓았습니다. 이웃한 칸의 •의 수를 더하면 12, 13, 14, 15를 모두 만들 수 있습니다. 이웃한 칸을 건너서 더할 수는 없다고 할 때, 꼬마 요괴가 가리고 있는 칸의 •의 개수를 구하시오. **5개**

2 5 7 1
5+7=12
5+7+1=13
2+5+7=14
2+5+7+1=15

6 숫자 카드 찾기

아인이가 성문을 지날 때마다 꼬마 요괴들이 1부터 9까지 9장의 숫자 카드에 대한 문제를 냅니다. 요괴들이 내는 문제를 풀어야 성문을 통과할 수 있습니다. 마지막 성문을 통과하고 아인이에게 남은 카드는 무엇입니까? 5

앞에서 찾은 다섯 장 중에서 합이 15가 되는 카드 세 장을 뽑아. 단, 가장 큰 수와 가장 작은 수의 차는 4야.

3 5 7

연속된 다섯 수의 합이 25인 카드 다섯 장을 찾아봐.

3 4 5 6 7

연속된 다섯 수란 2, 3, 4, 5, 6과 같이 차례로 늘어놓은 5개의 수를 말해.

앞에서 찾은 세 수 중 다른 수와의 차가 항상 2인 수는 무엇일까?

5

다음 9장의 카드 중에서 주어진 조건 을 모두 만족하는 세 장의 카드를 찾으시오.

1 2 3 4 5 6 7 8 9

조건
① 세 수의 합이 12입니다.
② 세 수는 모두 짝수입니다.

2 , 4 , 6

조건
① 세 수의 합이 15입니다.
② 세 수는 1, 2, 3과 같이 연속된 수입니다.

4 , 5 , 6

조건
① 세 수는 모두 홀수입니다.
② 작은 두 수의 합은 가장 큰 수보다 큽니다.
③ 가장 큰 수와 가장 작은 수의 합은 10보다 크지 않습니다.

3 , 5 , 7

토크 포인트

이웃하는 3장의 수의 합이 항상 10이 되도록 숫자 카드를 나열하면

① 가 반복되어 놓입니다.
② 9장의 카드 중 서로 다른 수가 적힌 2장의 카드를 알면 세 수의 합이 10인 것을 이용하여 나머지 7장의 카드에 적힌 수를 모두 알 수 있습니다.

□번째 숫자 카드

수학 요정이 이웃한 세 수의 합이 모두 14가 되도록 카드를 늘어놓았습니다. 요정은 왼쪽에서 세 번째 카드와 오른쪽에서 세 번째 카드를 태경이에게 보여주었습니다.

하나씩 따져 봐야겠어.

이웃한 세 수의 합이 모두 14란다. ? 의 수는 무엇일까?

❶ 이웃한 세 수의 합이 항상 14입니다. □ 안에 알맞은 수를 써넣으시오.

9 ? ㉠ ㉡ ㉢ 1

┌ 9+㉠+㉡ = 14
└ ㉠+㉡+㉢ = 14 → ㉢ = 9

┌ ㉡+㉢+1 = 14
└ ㉠+㉡+㉢ = 14 → ㉠ = 1

❷ ? 에 들어갈 수를 구하시오. 4

9 1 4 9 1   1+□+9 = 14 → □ = 4
합이 14

[이웃한 숫자 카드의 합]
1 이웃한 세 수의 합이 항상 15가 되도록 숫자 카드 11장을 늘어놓았습니다. 첫 번째 카드의 수가 7이고, 마지막 카드의 수가 2일 때, 여덟 번째 카드의 수를 구하시오. 6

이웃한 세 수의 합이 항상 15이므로 7 가 계속 반복됩니다. 마지막 세 장의 카드가 7 2 이므로 =6입니다.

7 + + =15
+ =8이지.

[둥글게 둥글게]
2 이웃한 세 수의 합이 16이 되도록 숫자 카드 12장을 둥글게 늘어놓았습니다. 마주 보는 카드의 수의 합이 다음과 같을 때 ? 에 들어갈 수를 구하시오. 8

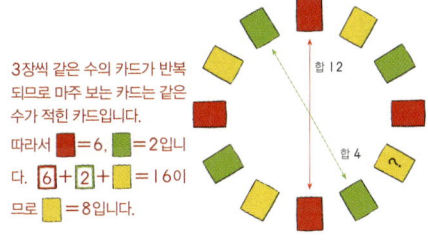

합 12

합 4

3장씩 같은 수의 카드가 반복되므로 마주 보는 카드는 같은 수가 적힌 카드입니다.
따라서 =6, =2입니다. 6+2+ =16이므로 =8입니다.

수학 요정의 수

48
49

서로 다른 수가 적힌 3장의 숫자 카드가 있습니다. 숫자 카드에 적힌 수 중 두 수의 합과 차를 모두 구한 후 2장의 숫자 카드를 뒤집어 놓았습니다. 뒤집어 놓은 숫자 카드의 수를 알아봅시다.

두 숫자 카드의 합과 차
1 2 3 9 11 12

❶ 차가 1, 2, 3이 되도록 뒤집힌 카드에 3과 6을 써넣었습니다. 두 숫자 카드의 합 3가지를 모두 구해 보시오. 뒤집힌 카드의 수가 3과 6이 맞습니까? **아닙니다.**

3, 5, 6을 둘씩 짝지어서 더해 봐.

9와 11은 만들 수 있지만 12는 만들 수 없습니다.

❷ 차가 1, 2, 3이 되도록 뒤집힌 카드에 다른 방법으로 수를 써넣고 두 숫자 카드의 합 3가지를 모두 구해 보시오.

5와 차가 2인 수에는 5보다 작은 수와 5보다 큰 수가 있어.

❸ 뒤집힌 숫자 카드의 수를 쓰시오. **4, 7**

[숫자 구슬]
1 숫자가 쓰인 구슬 3개가 있습니다. 이 중 2개의 구슬을 뽑아 합, 차를 구하려고 합니다. 다음 중 나올 수 있는 수에 모두 ○표 하시오.

① ② ③ 4 5 ⑥ ⑦ 8 ⑨ 10

2+4=6, 2+5=7, 4+5=9
4−2=2, 5−4=1, 5−2=3

[0 만들기]
2 다음과 같은 4장의 카드가 있습니다. 보기와 같이 합과 차를 사용하여 0을 만들어 보시오.

보기
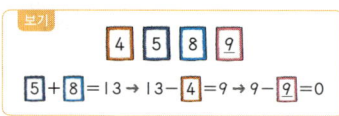

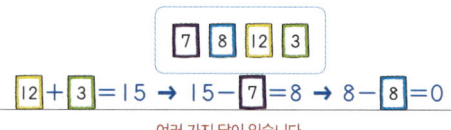

여러 가지 답이 있습니다.

창의적 문제해결력

📹 동영상 특강
QR 코드를 찍어 보세요!!!

50
51

1 다음 숫자 카드 중 3장을 골라 덧셈식을 만들려고 합니다. □ 안에 들어갈 수 있는 수 중 가장 작은 수와 가장 큰 수를 차례로 쓰시오. **5, 8**

□+□=□

가장 작은 수: 2+3=5 (3+2=5)
가장 큰 수 : 3+5=8 (5+3=8)
또는 2+6=8 (6+2=8)

2 계산기의 색칠한 버튼을 한 번씩 눌렀더니 계산 결과가 17이 되었습니다. 계산기를 누른 순서대로 다음 식을 완성하시오.

1, 4, 5, 6 4개의 숫자 버튼을 눌렀군.

1 6 − 4 + 5 =17
또는
1 5 − 4 + 6 =17

3 가로, 세로로 이웃한 세 수를 사용하여 덧셈식 또는 뺄셈식을 모두 3개 만드시오.

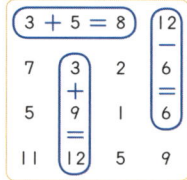

4 4개의 주사위를 던져 나온 수를 앞으로 오도록 하여 나란히 놓았습니다. 이웃한 수를 더하여 1부터 9까지 만들 수 있다고 할 때, 2번째 주사위에 알맞은 수를 써넣으시오.

떨어져 있는 주사위의 수를 더할 수는 없어.

3 **4** 1 1

1	1	4	4	7	3+4
2	1+1	5	4+1	8	3+4+1
3	3	6	4+1+1	9	3+4+1+1

정답 및 해설 **11**

모르는 수

7 어떤 수 구하기

아인이는 꼬마 요괴들이 좋아하는 수를 맞힐 수 있다고 합니다.

네가 좋아하는 수에 8을 더하고 3을 빼면 얼마야?

아인

내가 좋아하는 수는 행운의 수야.

12

멍하니 요괴

내가 좋아하는 수는 눈사람과 닮았어.

13

잠만자 요괴

내가 좋아하는 수는 젓가락과 닮았어.

16

한입 요괴

멍하니 요괴가 좋아하는 수를 □라 하면 다음과 같이 식을 세울 수 있습니다. 멍하니 요괴가 좋아하는 수는 무엇입니까? 7

$$\square+8-3=12$$

한입 요괴와 잠만자 요괴가 좋아하는 수를 □라 하여, □가 있는 식으로 나타내고 좋아하는 수를 구하시오.   한입 요괴: □+8-3=16, 11
잠만자 요괴: □+8-3=13, 8

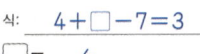 다음을 □가 있는 식으로 나타내고, 그 값을 구하시오.

어떤 수와 6의 합은 12와 같습니다.	18에서 어떤 수를 빼면 5입니다.
식: □+6=12	식: 18-□=5
□= 6	□= 13

4와 어떤 수의 합에서 7을 빼면 3입니다.	어떤 수에 1을 더한 후, 9를 빼면 10입니다.
식: 4+□-7=3	식: □+1-9=10
□= 6	□= 18

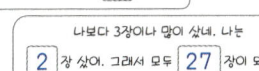 개념 포인트

어떤 수는 □를 사용하여 나타낼 수 있습니다.

① 덧셈식

$$2+\square=10 \rightarrow \square=8$$

② 뺄셈식

$$10-\square=6 \rightarrow \square=4$$

수 이야기

태경이 일기의 □ 안에 주어진 수를 알맞게 써넣으시오.

1	4
6	11

6월 20일   날씨: 맑음

오늘 엄마랑 마트에 가서 여러 가지 과일을 샀다.
내가 좋아하는 사과는 ㉠ 4 개, 아빠가 좋아하는 복숭아는 사과보다 2개 많은 ㉡ 6 개, 엄마가 좋아하는 수박은 ㉢ 1 개~.
집에 와서 과일을 세어 보니 모두 ㉣ 11 개였다. 다음에는 내가 좋아하는 과일을 제일 많이 사고 싶다.

❶ 주어진 수 중 가장 큰 수 11을 알맞은 곳에 쓰고, 그렇게 생각한 이유를 쓰시오.
모든 과일의 개수이므로 가장 큰 수는 ㉣에 들어가야 합니다.

❷ 사과와 복숭아의 개수의 차는 몇 개입니까? ㉠, ㉡에 알맞은 수를 써넣으시오.
2개
차가 2인 수를 찾으면 4와 6입니다.

❸ ㉢에 알맞은 수를 써넣고, 태경이의 일기를 완성하시오.

[요괴 카드]
1 아인이와 태경이가 게임 카드에 대해 이야기를 나누고 있습니다. 다음 대화를 보고 □ 안에 주어진 수를 알맞게 써넣으시오.

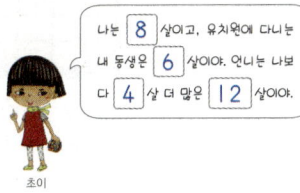 카드가 몇 장씩 차이 나는지 생각해야 해.

5	27	2	26

나 어제 요괴 카드를 5 장 샀어.

아인

나보다 3장이나 많이 샀네. 나는 2 장 샀어. 그래서 모두 27 장이 되었어.

태경

내 카드는 모두 26 장이야. 너보다 1장이 적네.

아인

[초이의 나이]
2 초이가 동생과 언니의 나이를 이야기하였습니다. □ 안에 주어진 수를 알맞게 써넣으시오.

4	6
8	12

나는 8 살이고, 유치원에 다니는 내 동생은 6 살이야. 언니는 나보다 4 살 더 많은 12 살이야.

초이

🐗 바르게 계산하기

딴소리 요괴는 어떤 수에서 3을 빼고 7을 더해야 하는 문제를 잘못 듣고, 어떤 수에 3을 더하고 7을 뺐습니다. 딴소리 요괴가 계산한 결과가 12일 때, 바르게 계산한 값을 구해 봅시다.

어떤 수에서 3을 빼고 7을 더한 값을 구해라!

어떤 수에 3을 더한 다음 7를 빼라구? 계산하면 12야.

대마왕　　딴소리 요괴

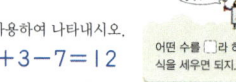

어떤 수를 □라 하여 식을 세우면 되지.

❶ 딴소리 요괴가 계산한 식을 □를 사용하여 나타내시오.

$$□+3-7=12$$

❷ ❶의 식을 계산하여 어떤 수를 구하시오. 16

❸ 대마왕이 이야기한 식을 □를 사용하여 나타내시오.　□-3+7

❹ ❸의 식에 ❷에서 구한 어떤 수를 넣어 계산 결과를 구하시오. 20

$$□-3+7=16-3+7=20$$

58　A5 연산

---

1 어떤 수에서 11을 빼야할 것을 잘못하여 어떤 수와 11의 합을 구하였더니 32가 되었습니다. 바르게 계산한 값을 구하시오. 10

〈잘못된 계산〉 □+11=32 ➡ □=32-11=21
〈바른 계산〉 □-11=21-11=10

[잘못된 계산]
□+11=32
➡□=32-11

[덧셈은 뺄셈으로, 뺄셈은 덧셈으로]

2 다음은 거꾸로 요괴가 덧셈은 뺄셈으로, 뺄셈은 덧셈으로 계산한 것입니다. 거꾸로 요괴의 계산을 보고 바르게 계산한 값을 구하시오. 23

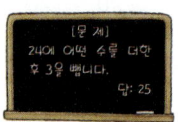

[문제]
24에 어떤 수를 더한 후 3을 뺍니다.
답: 25

더해야 하는 건 빼고~ 빼야 하는 건 더했지~ 히히.

거꾸로 요괴

〈잘못된 계산〉 24-□+3=25 ➡ □=2
〈바른 계산〉 24+□-3 ➡ 24+2-3=23

Chapter 3 모르는 수　59

---

8 합 차 두 수

초이와 태경이는 구슬을 나누어 가졌습니다. 태경이가 초이에게 구슬 몇 개를 주면 두 사람이 가지고 있는 구슬의 개수가 같아질까요?

난 구슬이 8개 있어. 똑같이 나누자.

난 구슬이 16개 있는데 몇 개를 주면 구슬의 개수가 같아지지?

초이　　　태경

태경이가 가진 구슬을 초이에게 하나씩 옮겨가며 다음 표를 완성하시오.

태경	16	15	14	13	12
초이	8	9	10	11	12
차	8	6	4	2	0

태경이는 초이에게 구슬 몇 개를 주어야 합니까? 4개

60　A5 연산

🔵 아인이가 동생에게 연필 2자루를 주면 두 사람이 가진 연필의 개수가 같아집니다. 아인이는 동생보다 연필을 몇 자루 더 많이 가지고 있었습니까? 4자루

두 사람이 가진 연필의 수가 같다고 할 때, 아인이가 동생에게 1자루를 주면 연필은 2자루 차이가 나고, 아인이가 동생에게 2자루를 주면 연필은 4자루 차이가 납니다. 연필 2자루를 주어 두 사람이 가진 연필의 수가 같아졌으므로 4자루가 차이나는 것입니다.

🔵 지오는 사탕 30개를 2개의 주머니에 나누어 넣었습니다. 파란 주머니의 사탕이 빨간 주머니의 사탕보다 6개 더 많을 때 파란 주머니의 사탕 몇 개를 빨간 주머니로 옮기면 두 주머니의 사탕의 개수가 같아집니까? 3개

차이나는 개수의 반만큼을 옮기면 양쪽의 사탕 수가 같아집니다.

 **포인트**

파란 접시에 있는 구슬의 개수와 노란 접시에 있는 구슬의 개수를 같게 만들려고 할 때,

① 두 접시에 있는 구슬 개수의 차를 구합니다.
② 차의 반만큼을 많은 쪽에서 적은 쪽으로 옮깁니다.

　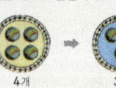 ➡

2개　　4개　　　3개　　3개

Chapter 3 모르는 수　61

정답 및 해설　**13**

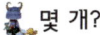 **몇 개?**

주말 농장에 다녀온 아인이 가족의 대화를 보고 아버지의 물음에 답하시오.

우리 농장에서 가지랑 오이를 모두 20개나 땄어요.

가지가 오이보다 6개 더 많았어요.

그럼 가지를 몇 개 딴 거지?

❶ 가지와 오이의 개수의 합이 20이 되도록 다음 표 안에 알맞은 수를 써넣으시오.

가지는 1개씩 많아지고, 오이는 1개씩 적어지도록 표를 만들어야 해.

가지	10	11	12	13	14	15
오이	10	9	8	7	6	5
합	20	20	20	20	20	20
차	0	2	4	6	8	10

❷ ❶의 표에서 가지가 오이보다 6개 더 많을 때 가지는 몇 개입니까? **13개**

[양, 염소]

1 어느 목장에 있는 양과 염소는 모두 15마리입니다. 염소가 양보다 3마리가 더 많다고 할 때, 양과 염소는 각각 몇 마리인지 구하시오.
양 6마리, 염소 9마리

내가 양보다 3마리 더 많아.

염소	8	9	10	11
양	7	6	5	4
차	1	3	5	7

[오빠의 나이]

2 지오가 나이 퀴즈를 내고 있습니다. 지오의 이야기를 보고 오빠의 나이를 구하시오. **14살**

지오

오빠는 나보다 6살이 더 많아. 우리 두 사람의 나이를 더하면 22야.

표를 그려서 합은 22이고, 차는 6인 두 수를 찾아보렴.

오빠	12	13	14
지오	10	9	8
차	2	4	6

 **자동차에 탄 사람**

12명의 사람들이 자동차 3대에 나누어 탔습니다. 자동차에 탄 사람 수를 나타내는 다음 그림을 보고 각 자동차에 탄 사람의 수를 구해 봅시다.

❶ 다음 ☐ 안에 알맞은 수를 써넣으시오.

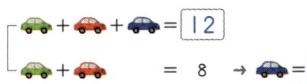 + + = **12**

모두 12명, 그런데 와 에 탄 사람은 8명. 그럼 에는?

+ = 8 → = **4**

❷ 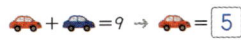에 탄 사람의 수를 이용하여 에 탄 사람의 수를 구하시오.

+ = 9 → = **5**

❸ 다음을 이용하여 에 탄 사람의 수를 구하시오.

+ = 8 → = **3**

❹ 각 자동차에 타고 있는 사람의 수를 쓰시오.

 : **3** 명 : **5** 명 : **4** 명

[얼마일까]

1 초이는 1000원을 100원짜리 동전으로 모두 바꾸어 지갑 3개에 나누어 넣었습니다. 지갑에 들어 있는 동전의 개수가 다음 식과 같을 때, 지갑 ㉡에 들어 있는 돈은 얼마인지 구하시오. **300원**

㉠ ㉡ ㉢
㉠+㉡=6　㉡+㉢=7

㉠, ㉡, ㉢에 들어 있는 동전은 모두 10개야.

동전이 모두 10개이므로
㉠+㉡+㉢=10
㉠+㉡=6 → ㉢=4
㉡+㉢=7 → 4+㉢=7 → ㉡=3
㉡에 동전 3개가 들어있으므로 300원입니다.

[무게]

2 각 동물들의 무게를 구하시오.

13 kg　　8 kg　　7 kg

 **6** kg　 **5** kg　 **2** kg

개+고양이+다람쥐=13
개+　　다람쥐=8 → 고양이=5kg
고양이+다람쥐=7 → 개=6kg
5+다람쥐=7 → 다람쥐=2kg

14 A5 연산

9 도형이 나타내는 수

다음 그림 카드는 0부터 9까지의 수 중 각각 다른 수를 나타내고 있습니다.

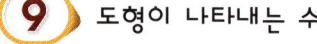

초이와 아인, 태경이는 자신이 들고 있는 카드가 나타내는 수의 합을 이야기합니다.

초이와 태경이가 들고 있는 그림 카드가 나타내는 수를 구하시오.

초이

$\boxed{잎} + \boxed{잎} = 4 \rightarrow \boxed{잎} = \boxed{2}$

$\boxed{잎} + \boxed{잎} + \boxed{잎} = 3 \rightarrow \boxed{잎} = \boxed{1}$

태경

아인이가 들고 있는 그림 카드가 나타내는 수를 구하시오.

아인

$\boxed{잎} + \boxed{해} = 7 \rightarrow \boxed{2} + \boxed{해} = 7 \rightarrow \boxed{해} = \boxed{5}$

다음은 수를 도형으로 나타낸 것입니다. 다섯 번째 모양이 나타내는 수를 알아봅시다.

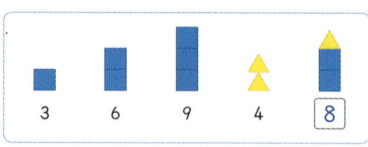

| 3 | 6 | 9 | 4 | 8 |

- ■모양 1개는 3, ■모양 2개는 6, ■모양 3개는 9입니다. ■모양을 위로 쌓은 규칙을 설명하시오. **합을 구합니다.**

- ▲모양 2개는 4입니다. ▲모양이 나타내는 수를 구하시오. **2**

- ⬚ 안에 알맞은 수를 써넣으시오.
  $3+3+2=8$

뇌쿡 포인트

도형수에서 같은 도형은 같은 수, 다른 도형은 다른 수를 나타냅니다.
도형이 나타내는 수를 구할 때에는
① 하나의 도형으로 이루어진 식부터 구하는 것이 좋습니다.
② ①에서 구한 수를 도형 대신 식에 넣은 다음, 다른 도형이 나타내는 수를 구합니다.

$\begin{aligned} \blacklozenge + \blacklozenge &= 2 \\ \blacklozenge + \bullet &= 5 \end{aligned}$　→　$\begin{aligned} ① \blacklozenge &= 1 \\ ② 1 + \bullet &= 5 \rightarrow \bullet = 4 \end{aligned}$

도형과 식

요괴들이 수를 가리고 있습니다. 같은 수는 같은 요괴가 가린다고 할 때, 각 요괴가 가리고 있는 수의 합을 구해 봅시다.

ㄱ　 + 🐀 = 18

ㄴ　🐉 − 🐀 = 11

ㄷ　12 − 🐢 =

❶ ㄷ 식에서 🐢가 가리고 있는 수를 구하시오. **6**

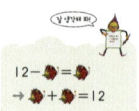

$12 - \boxed{🐢} = $
$\rightarrow \boxed{🐢} + \boxed{} = 12$

❷ ㄱ과 ㄴ 식에서 🐉, 🐀가 가리고 있는 수를 쓰시오.

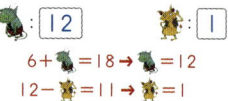 🐉 : $\boxed{12}$　🐀 : $\boxed{1}$

$6 + \boxed{🐉} = 18 \rightarrow \boxed{🐉} = 12$
$12 - \boxed{🐀} = 11 \rightarrow \boxed{🐀} = 1$

❸ 세 요괴가 가리고 있는 수의 합을 구하시오. **19**

$6 + 12 + 1 = 19$

[구술]

1 같은 색 구슬은 같은 수, 다른 색 구슬은 다른 수를 나타냅니다. 다음을 보고 각 구슬이 나타내는 수를 구하시오.

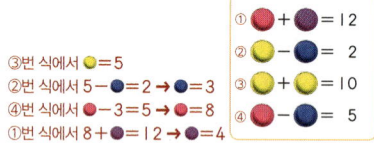

① 🔴 + 🟣 = 12
② 🟡 − 🔵 = 2
③ 🟡 + 🟡 = 10
④ 🔴 − 🔵 = 5

③번 식에서 🟡=5
②번 식에서 5−🔵=2 → 🔵=3
④번 식에서 🔴−3=5 → 🔴=8
①번 식에서 8+🟣=12 → 🟣=4

🔴 : $\boxed{8}$　🟣 : $\boxed{4}$　🟡 : $\boxed{5}$　🔵 : $\boxed{3}$

[1부터 6까지의 수]

2 각 카드는 1부터 6까지의 수 중 하나의 수를 나타냅니다. 같은 색 카드는 같은 수, 다른 색 카드는 다른 수를 나타낸다고 할 때, 각 카드에 알맞은 수를 써넣으시오.

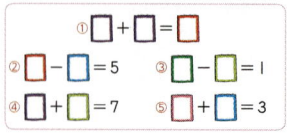

①⬚ + ⬚ = ⬚
②⬚ − ⬚ = 5　③⬚ − ⬚ = 1
④⬚ + ⬚ = 7　⑤⬚ + ⬚ = 3

⬚ − ⬚ = 5, 1부터 6까지의 수 중에서 차가 5인 수를 생각해봐.

$\boxed{3}\ \boxed{2}\ \boxed{4}\ \boxed{1}\ \boxed{6}$

②번 식에서 ⬚=6, ⬚=1
①번 식에서 ⬚ + ⬚ = 6 → ⬚ = 3
③번 식에서 ⬚ − 4 = 1 → ⬚ = 5

⑤번 식에서 ⬚ + 1 = 3 → ⬚ = 2
④번 식에서 3 + ⬚ = 7 → ⬚ = 4

정답 및 해설　**15**

70 71

도형 매트릭스

같은 색 구슬은 같은 수를 나타낸다고 할 때, 선으로 연결된 세 구슬의 합이 □ 안의 수입니다. 각 구슬이 나타내는 수를 알아봅시다.

말풍선: 같은 색 구슬은 같은 수, 다른 색 구슬은 다른 수를 나타내지.

❶ □ 안에 알맞은 수를 써넣고 🟡이 나타내는 수를 구하시오.

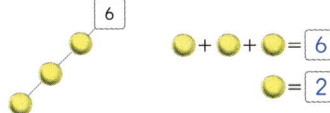

🟡+🟡+🟡=6
🟡=2

❷ □ 안에 알맞은 수를 써넣고 🟣이 나타내는 수를 구하시오.

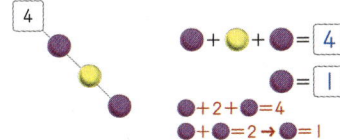

🟣+🟡+🟣=4
🟣=1
🟣+2+🟣=4
🟣+🟣=2 → 🟣=1

❸ 🟢이 나타내는 수를 구하시오.

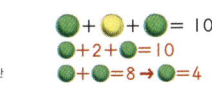

🟢+🟡+🟢= 10   🟢=4
🟢+2+🟢=10
🟢+🟢=8 → 🟢=4

1 [도형수의 밥]
같은 모양은 같은 수, 다른 모양은 다른 수를 나타냅니다. 가로, 세로줄에 있는 도형수의 합을 오른쪽과 위의 □ 안에 써넣으시오.

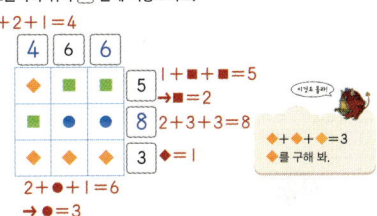

1+2+1=4
1+■+■=5 →■=2
2+3+3=8
◆=1
2+●+1=6 →●=3

말풍선: ◆+◆+◆=3 ◆를 구해 봐.

2 [도형이 나타내는 수]
오른쪽과 아래쪽의 수는 가로, 세로줄에 있는 도형수의 합을 나타냅니다. 각 도형이 나타내는 수를 구하시오.

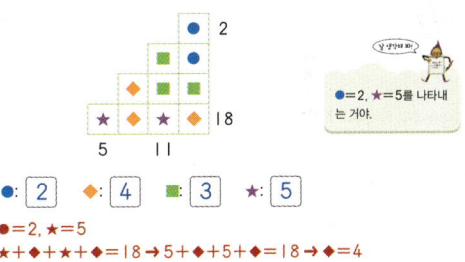

말풍선: ●=2, ★=5를 나타내는 거야.

●: 2   ◆: 4   ■: 3   ★: 5
●=2, ★=5
★+◆+★+◆=18 → 5+◆+5+◆=18 → ◆=4
■+■+★=11 → ■+■+5=11 → ■=3

---

72 73

🧑 창의적 문제해결력

1 관계있는 것끼리 선으로 이으시오.

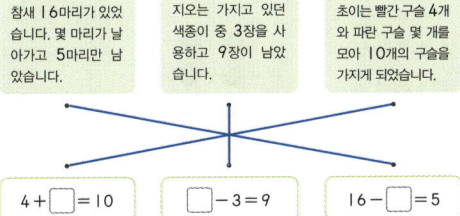

참새 16마리가 있었습니다. 몇 마리가 날아가고 5마리만 남았습니다.

지오는 가지고 있던 색종이 중 3장을 사용하고 9장이 남았습니다.

초이는 빨간 구슬 4개와 파란 구슬 몇 개를 모아 10개의 구슬을 가지게 되었습니다.

4+□=10   □-3=9   16-□=5

2 초이와 태경이가 구슬을 가지고 있습니다. 초이가 가지고 있는 구슬 중 3개를 태경이에게 주면 두 사람이 가진 구슬의 수가 같아집니다. 구슬을 주기 전 초이와 태경이가 가진 구슬의 수를 각각 구하시오. **초이 23개, 태경 17개**

말풍선(초이): 너와 나의 구슬을 모으면 모두 40개야.
말풍선(태경): 네가 나에게 구슬 3개를 주면 구슬의 수가 같아지지.

초이	20	21	22	23	24
태경	20	19	18	17	16
차	0	2	4	6	8

♥ 동영상 특강
QR 코드를 찍어 보세요▶

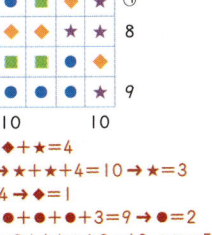

3 두 양동이에 들어 있는 물의 양은 모두 28L입니다. 양동이 ㉠에서 8L를 덜어 양동이 ㉡에 넣으면 두 양동이에 든 물의 양이 같아집니다. 처음 양동이 ㉠에 든 물의 양을 구하시오. **22L**

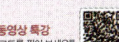

㉠   ㉡

㉠에서 8L를 ㉡으로 옮기면 ㉠, ㉡의 물의 양이 같아진다고 하였으므로 처음에 ㉠, ㉡에 든 물의 양의 차는 8L의 2배인 16L임을 알 수 있습니다. 따라서 ㉠에 들어있었던 물의 양은 22L입니다.

4 오른쪽과 아래의 수는 가로, 세로줄에 있는 도형수의 합을 나타냅니다. ㉠에 알맞은 수를 구하시오. **11**

(표)
행1: ● ■ ◆ ★ | ㉠
행2: ◆ ● ★ ★ | 8
행3: ■ ★ ● ◆ |
행4: ● ● ◆ ★ | 9
하단: 10   10

◆+◆+★+★=8 → ◆+★=4
★+★+◆+★=10 → ★+★+4=10 → ★=3
◆+★=4 → ◆+3=4 → ◆=1
●+●+◆+★=9 → ●+●+1+3=9 → ●=2
●+●+■+●=10 → 2+1+■+2=10 → ■=5
㉠=●+■+◆+★=2+5+1+3=11

16   A5 연산

퍼즐과 연산

10 연산 퍼즐

가장 빠른 길로 미로를 통과하며 길에 쓰인 식을 차례로 계산하면 요정의 카드에 적힌 수가 계산 결과로 바뀝니다.

요정이 통과한 가장 빠른 길을 나타내고, 미로를 통과한 요정의 카드에 알맞은 계산 결과를 써넣으시오.

$$27 \xrightarrow{+1} \boxed{28} \xrightarrow{-11} \boxed{17} \xrightarrow{-4} \boxed{13} \xrightarrow{+5} \boxed{18} \xrightarrow{-6} \boxed{12}$$

태경이가 가장 빠른 길을 따라 미로를 통과하며 길에 쓰인 식을 차례로 계산합니다. ㉠에 알맞은 수를 써넣으시오.

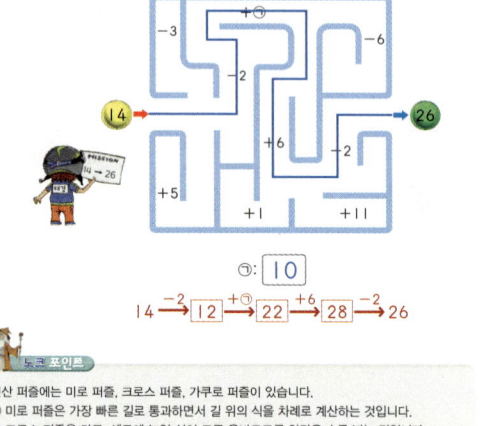

㉠: $\boxed{10}$

$$14 \xrightarrow{-2} \boxed{12} \xrightarrow{+㉠} \boxed{22} \xrightarrow{+6} \boxed{28} \xrightarrow{-2} 26$$

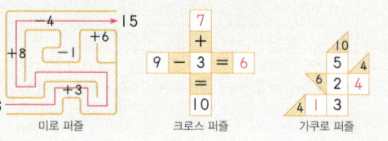

연산 퍼즐에는 미로 퍼즐, 크로스 퍼즐, 가쿠로 퍼즐이 있습니다.
① 미로 퍼즐은 가장 빠른 길로 통과하면서 길 위의 식을 차례로 계산하는 것입니다.
② 크로스 퍼즐은 가로, 세로에 놓인 식이 모두 올바르도록 알맞은 수를 넣는 것입니다.
③ 가쿠로 퍼즐은 가로, 세로에 놓인 수의 합에 맞게 빈 곳에 알맞은 수를 쓰는 것입니다.

미로 퍼즐   크로스 퍼즐   가쿠로 퍼즐

크로스 퍼즐

가로, 세로줄의 식이 올바른 식이 되도록 빈 곳에 알맞은 수를 알아봅시다.

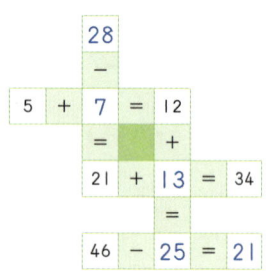

❶ 오른쪽 ②, ③에 알맞은 수를 찾아 써넣으시오.

$5 + \boxed{②} = 12 \rightarrow ② = \boxed{7}$

$21 + \boxed{③} = 34 \rightarrow ③ = \boxed{13}$

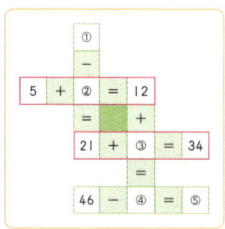

❷ 세로줄의 식을 이용하여 ①, ④, ⑤에 알맞은 수를 찾아 크로스 퍼즐을 완성하시오.

①−②=21 → ①−7=21 → ①=28
12+③=④ → 12+13=④ → ④=25
46−④=⑤ → 46−25=⑤ → ⑤=21

④에 알맞은 수를 찾은 다음 ⑤를 찾아야 해.

[크로스 크로스]

1 한 줄에 놓인 식이 올바른 식이 되도록 빈 구슬에 알맞은 수를 써넣으시오.

$5 + \square = 12 \rightarrow \square = 7$
$\square - 7 = 30 \rightarrow \square = 37$

[가로 세로 크로스]

2 가로 세로 크로스 퍼즐을 완성하시오.

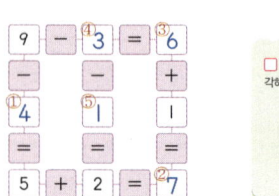

☐ 안에 알맞은 수부터 생각해 보렴.

①, ②, ③, ④, ⑤의 순서로 알맞은 수를 구합니다.

정답 및 해설 **17**

🦉 가쿠로 퍼즐

가로, 세로줄의 사각형 안의 수의 합을 삼각형 안에 써넣은 것을 가쿠로 퍼즐이라고 합니다. 아인이가 사각형 안에 1부터 6까지의 수를 한 번씩 넣어 만든 가쿠로 퍼즐의 수들을 꼬마 요괴가 지워버렸습니다. 요괴가 지운 수를 모두 찾아 다시 가쿠로 퍼즐을 완성해 봅시다.

지워버린 수를 다시 찾을 거야.

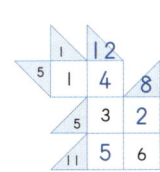

모르겠지? 내가 지워버렸지.

❶ 다음 식을 보고 가쿠로 퍼즐의 ②, ④, ⑤에 알맞은 수를 ☐ 안에 써넣으시오.

$1 + ② = 5 \rightarrow ② = \boxed{4}$

$3 + ④ = 5 \rightarrow ④ = \boxed{2}$

$⑤ + 6 = 11 \rightarrow ⑤ = \boxed{5}$

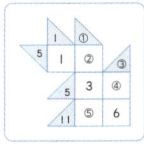

❷ ①, ③에 알맞은 수를 구하여 가쿠로 퍼즐을 완성하시오.

$② + 3 + ⑤ = ① \rightarrow \boxed{4} + 3 + \boxed{5} = ① \rightarrow ① = \boxed{12}$

$④ + 6 = ③ \rightarrow \boxed{2} + 6 = ③ \rightarrow ③ = \boxed{8}$

[삼각형 안의 수]

1 삼각형 안에 알맞은 수를 써넣어 가쿠로 퍼즐을 완성하시오.

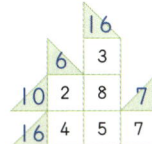

$3 + 8 + 5 = \boxed{ } \rightarrow \begin{array}{|c|}3\\2\\8\end{array}$

$4 + 5 + 7 = \boxed{ } \rightarrow 4\ 5\ 7$

[5부터 9까지의 수]

2 5부터 9까지의 수를 한 번씩 사용하여 다음 가쿠로 퍼즐을 완성하시오.

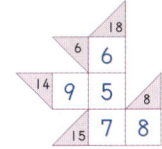

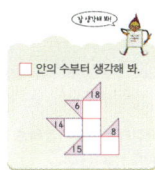

☐ 안의 수부터 생각해 봐.

---

⑪ 성냥개비 연산

디지털 숫자를 사용하여 덧셈식과 뺄셈식을 나타내는 전광판이 있습니다. 전광판에 등 하나가 나가서 식이 올바르지 않다고 합니다.

9+5=13, 잘못된 식이네.

전광판이 고장나서 그렇다. 숫자 하나를 고쳐서 식을 바르게 만들자.

숫자 하나를 바꾸어서 올바른 식을 만들려고 합니다. ☐ 안에 알맞은 수를 써넣으시오.

$9 + 5 = 13$ ➡️
$\boxed{8} + 5 = 13$
$9 + \boxed{4} = 13$
$9 + 5 = 1\boxed{4}$

전광판의 등 하나를 고쳐 위의 식 중 하나를 만들려고 합니다. 고쳐야 하는 등에 색칠하시오.

🟢 고장난 전광판의 등 하나를 색칠하여 올바른 식을 만드시오.

2+5=8

3+3=13

33+3=36

33+3=36

🧙 누크 포인트

디지털 숫자와 닮은 성냥개비로 만든 숫자에서 성냥개비 한 개를 더하거나 빼서 숫자를 바꿀 수 있습니다. 다음 표의 위의 숫자에 성냥개비 한 개를 더하면 아래 숫자를 만들 수 있고, 아래 숫자에서 성냥개비 한 개를 빼면 위의 숫자를 만들 수 있습니다.

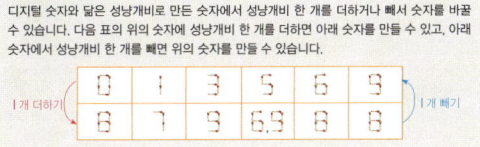

1개 더하기

1개 빼기

0	1	3	5	6	9
8	7	9	6,9	8	8

---

84 85

🐉 더하거나 빼기

초이는 성냥개비를 사용하여 성냥개비 식을 만들었습니다. 그러나 성냥개비의 개수가 1개 부족하여 올바른 식을 만들지 못하였습니다. 초이가 만든 식이 다음과 같을 때, 초이가 처음 만들려고 했던 식을 구해 봅시다.

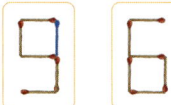

❶ 위의 식에서 숫자 하나를 고쳐 올바른 식으로 만들려고 합니다. 올바른 식이 되도록 □ 안에 알맞은 수를 써넣으시오. 수를 넣을 수 없는 경우 ✕표 합니다.

15−13=6 ➡ 1 $\boxed{9}$ − 13 = 6
   1 5 − 1 $\boxed{✕}$ = 6
   1 5 − 1 3 = $\boxed{2}$

❷ ❶의 식을 만들 수 있도록 5 또는 6에 성냥개비 하나를 더하여 ❶에서 고친 수로 바꿀 수 있는 경우 바꾸어 보시오.

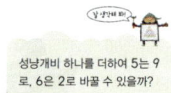

성냥개비 하나를 더하여 5는 9로, 6은 2로 바꿀 수 있을까?

❸ 처음 만들려고 했던 식을 쓰시오. 19 − 13 = 6

[성냥개비 빼기]
1 성냥개비 한 개를 빼서 올바른 식을 만들어 보시오.

❶

올바른 식

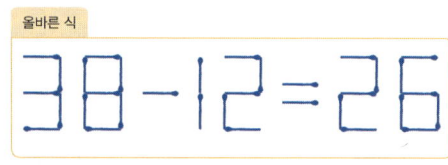

❷ 3B−12=2B

올바른 식

3B−12=26

---

86 87

🐉 옮겨라!

성냥개비로 만든 덧셈식이 있습니다. 꼬마 요괴가 성냥개비 하나를 옮겨서 계산이 틀리도록 만들었습니다. 요괴가 옮긴 성냥개비를 찾아 다시 올바른 식을 만드시오.

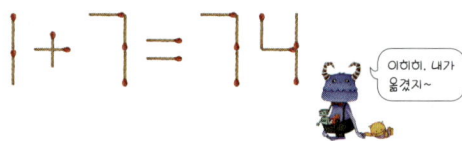

이히히, 내가 옮겼지~

❶ 위 식의 숫자 중에서 성냥개비 하나를 더하거나 빼서 다른 숫자를 만들 수 있는 숫자를 찾아 나타내시오.

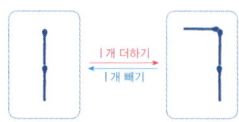

1개 더하기
1개 빼기

❷ ❶에서 찾은 두 숫자를 사용하여 올바른 식을 만드시오.

올바른 식

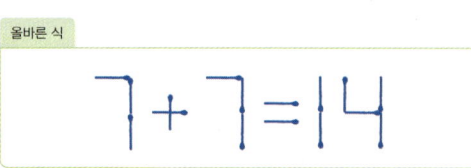

[성냥개비 옮기기]
1 성냥개비 한 개를 옮겨서 올바른 식을 만들어 보시오.

연산 기호를 이루는 성냥개비를 옮겨도 된단다.

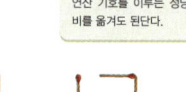

올바른 식

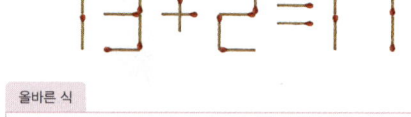

또는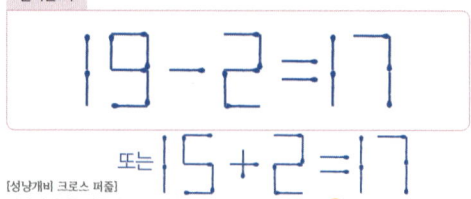

[성냥개비 크로스 퍼즐]
2 성냥개비 한 개를 옮겨서 선으로 이어진 두 수의 합이 ● 안의 수가 되도록 만드시오.

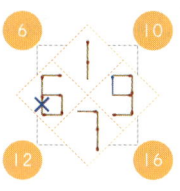

정답 및 해설 **19**

12 마방진

대마왕은 금화가 8개씩 들어 있는 상자 8개를 가지고 있습니다. 대마왕은 가로줄, 세로줄에 놓인 상자 3개 안의 금화가 모두 24개씩 되도록 다음과 같이 놓았습니다.

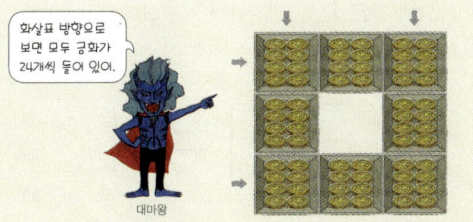

화살표 방향으로 보면 모두 금화가 24개씩 들어 있어.

대마왕

딴짓 요괴는 대마왕 몰래 금화 몇 개를 가져오고 싶어합니다. 대마왕이 알지 못하려면 한 줄에 있는 세 상자 안의 금화의 수가 변해서는 안됩니다.

2개를 옮기고 2개를 가져오면 되겠군. 그래도 한 줄에 24개씩 금화의 수는 변하지 않아. ○한 금화가 내 거야.

딴짓 요괴

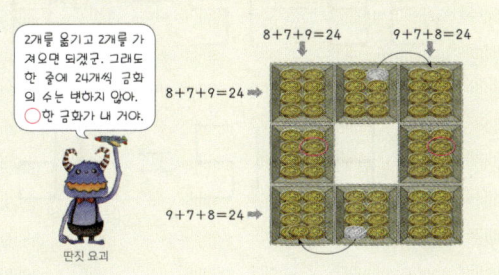

$8+7+9=24$ $9+7+8=24$
$8+7+9=24$
$9+7+8=24$

가로줄, 세로줄에 놓인 세 상자 안의 금화의 수가 변하지 않게 금화를 가장 많이 가져오려고 합니다. 각 상자에 몇 개의 금화를 놓아야 하는지 아래의 상자 그림에 금화의 개수를 쓰고 가장 많이 가져올 수 있는 금화의 개수를 구하시오. 16개

12	0	12
0		0
12	0	12

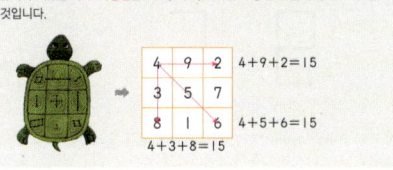

되짚기 포인트

4000년 전 중국에서 발견된 거북이의 등에 새겨진 그림은 1부터 9까지의 수를 점으로 나타낸 것이었습니다. 점의 수를 가로, 세로, 대각선으로 더하여도 합이 항상 15로 같았고, 이것이 마방진의 유래가 되었습니다. 마방진은 가로, 세로, 대각선에 놓인 수들의 합이 모두 같도록 수를 배열한 것입니다.

| 4 | 9 | 2 | $4+9+2=15$
| 3 | 5 | 7 |
| 8 | 1 | 6 | $4+5+6=15$

$4+3+8=15$

매직 크로스

대마왕의 성에 수가 적힌 벽에는 가로줄과 세로줄에 있는 세 수의 합이 같은 매직 크로스가 3개 더 숨겨져 있습니다. 매직 크로스를 모두 찾으시오.

2	1	4	5	2	1	6	1
6	1	2	1	3	5	2	3
2	5	3	6	4	3	4	2
1	4	3	2	5	2	1	5
4	5	3	2	3	7	3	5

매직 크로스를 모두 찾으면 이 성에서 나갈 수 있겠지.

❶ 다음과 같은 매직 크로스를 보고 □ 안에 알맞은 수를 써넣으시오.

	1	
2	5	3
	4	

$1+5+4=2+5+3$
$\rightarrow 5+\boxed{5}=5+\boxed{5}$

중앙수는 가로, 세로로 모두 더해지는 수이므로 중앙수를 뺀 가로, 세로 두 수의 합도 서로 같단다.

❷ ㉠과 ㉡의 합, ㉢과 ㉣의 합이 서로 같은 매직 크로스를 모두 찾으시오.

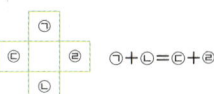

$㉠+㉡=㉢+㉣$

[숫자 카드 매직 크로스]

1 빈 곳에 숫자 카드의 수를 한 번씩 넣어 세 수의 합이 11인 매직 크로스를 만드시오.

| 8 | 4 |
| 2 | 6 |

	8	
4	1	6
	2	

㉠	
㉢	1	㉣
	㉡	

$㉠+㉡=㉢+㉣=10$

숫자를 넣은 칸의 위치는 달라도 2와 8, 4와 6을 마주 보게 놓으면 정답입니다.

[같은 수, 다른 합]

2 1, 3, 5, 7, 9를 한 번씩 모두 사용하여 합이 모두 다른 매직 크로스 3개를 만들어 보시오.

	3	
5	1	7
	9	

	1	
3	5	7
	9	

	1	
3	9	5
	7	

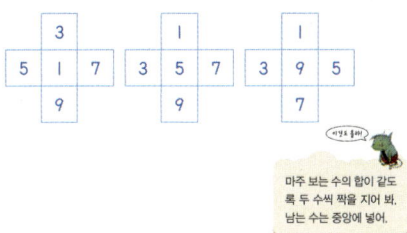

마주 보는 수의 합이 같도록 두 수씩 짝을 지어 봐. 남는 수는 중앙에 넣어.

마법의 트라이앵글

지오는 마법의 트라이앵글 안에 숨겨진 수학 동화책을 찾으려고 합니다. 한 줄에 있는 세 수의 합이 모두 10이 되도록 구슬을 놓으면 트라이앵글이 열립니다. 빈 구슬에 알맞은 수를 써넣으시오.

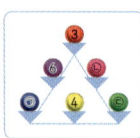

어느 수부터 구해야 할까?

❶ 구슬 ㉠, ㉡, ㉢ 중 수를 구할 수 있는 순서대로 기호를 쓰시오. ㉠ - ㉢ - ㉡

❷ 다음 식을 이용하여 구슬 ㉠에 알맞은 수를 구하시오.

$3+6+㉠=10 \rightarrow ㉠=\boxed{1}$

❸ ❷와 같은 방법으로 구슬 ㉡, ㉢에 알맞은 수를 구하여 마법의 트라이앵글을 완성하시오.
㉠$+4+㉢=10 \rightarrow 1+4+㉢=10 \rightarrow ㉢=5$
$3+㉡+㉢=10 \rightarrow 3+㉡+5=10 \rightarrow ㉡=2$

[한 줄의 합]
1 한 줄에 놓인 세 수의 합이 서로 같도록 빈 곳에 알맞은 수를 써넣으시오.

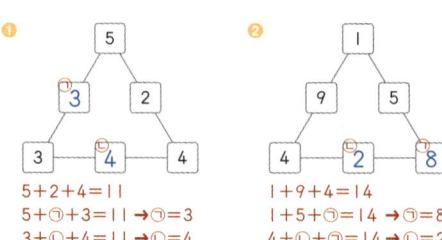

❶
$5+2+4=11$
$5+㉠+3=11 \rightarrow ㉠=3$
$3+㉡+4=11 \rightarrow ㉡=4$

❷
$1+9+4=14$
$1+5+㉠=14 \rightarrow ㉠=8$
$4+㉡+㉠=14 \rightarrow ㉡=2$

[1부터 6까지]
2 1부터 6까지의 수를 한 번씩 사용하여 한 줄에 놓인 세 수의 합이 서로 같도록 만드시오.

합: 12

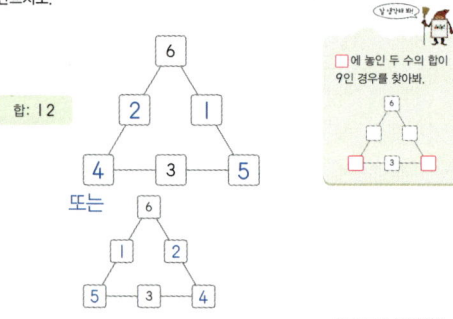

또는

창의적 문제해결력

1 다음은 계산 결과가 맞지 않는 성냥개비 식입니다. 조건에 맞게 성냥개비를 더하거나 움직여서 올바른 식을 만드시오.

$15-13=6$

한 개 더하기

두 개 옮기기

또는 $15-15=0$

🎥 동영상 특강
QR 코드를 찍어 보세요!!

2 왼쪽 세로줄에서 시작하여 계산 결과가 카드의 순서와 같은 식이 있는 방을 차례로 지나 미로를 통과하시오.

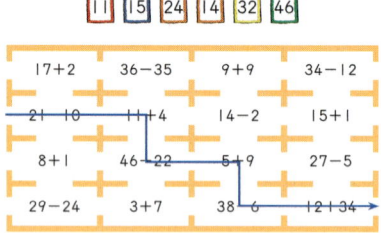

3 9칸짜리 표 안에 1부터 9까지의 수를 다음과 같이 써넣었습니다. 두 수의 위치를 서로 바꾸어 가로, 세로, 대각선에 있는 수의 합이 모두 15가 되도록 만들려고 합니다. 바꾸어야 하는 두 수에 모두 ◯표 하시오.

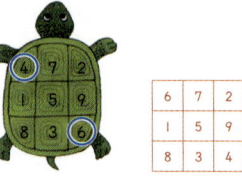

6	7	2
1	5	9
8	3	4

정답 및 해설 **21**

MEMO

MEMO

누구나 쉽고 재미있게
사고력
수학

노크

천재교육

정답및 해설

연산

A5
(8~9세)

누구나 쉽고 재미있게
사고력
수학

누ㄱ

천재교육